第4版

面白いほど理解できる

憲法研究会

早稲田経営出版
TAC PUBLISHING Group

は じ め に

（1）本書の特徴

　本書は、法律の入門書シリーズとして、各種資格試験向けの憲法の学習や、大学における憲法講義の理解を助けることをコンセプトとしました。そのために資格試験受験専門校における、初学者を対象とした憲法講義の講師経験もある実務家司法書士が執筆いたしました。

（2）はじめて法律に触れる方に

　一般教養として法律に触れようとされている方、大学や専門学校で本格的な勉強をはじめようとされている方は、まずは「憲法」から、という方が多いでしょう。

　憲法は、国民の自由と権利、国家の仕組みを定めた根本規範であり、数ある法律の基礎となるべき重要法典です。しかしその内容はいたってシンプル、抽象的で何をいわんとしているのか、わかりにくいものです。ここでつまずいて法律に触れる機会を断念することのないよう、まずは本書を手元において目を通してみてください。昔、学校でやったなぁ、ニュースでこんな話題をやっていた、これって憲法に定められているんだ、など身近に感じられることが含まれていることに気づかれるでしょう。

　法律の門をたたく際の道しるべとして本書を使って頂き、憲法を身近に感じて頂ければと思います。

（3）各種試験対策に

　本書は、法科大学院入試、司法試験、司法試験予備試験、司法書士試験、行政書士試験、公務員試験など、憲法を出題科目としている各種資格試験対策としても有用です。

　それぞれの試験対策用の専門教材がありますが、最初は、その本を読み進めること自体に苦戦するのではないかと思います。

　そこで、本書を利用して、まずは憲法の大枠をざっととらえてしまうことをお勧めします。その上で、各種専門教材を読み進めれば、効率ＵＰにつながるはずです。

（4）総　括

　誰もがその存在を知る憲法ですが、その内容までは知らない、忘れている、という方が多いのではないでしょうか。憲法で保障される権利を知ることは、私達の人生を豊かにしてくれる筈です。

　本書は誰にでもわかりやすく平易な表現を使い、随所に登場する多様な図表が理解を助けるようにと心掛けながら執筆いたしました。憲法を学習される皆様の理解の一助となれば幸いです。

本書の使い方

1テーマ見開き2ページのスッキリ構成だから見やすい！

取り上げるテーマについて冒頭にQ＆Aが示されています。

図表で整理することで、難解な条文構造も把握しやすく！

統治機構

061 国会の権能～まとめ

法律も予算も条約承認も、議決方法はよく似ていますね。

Q どこが違うのかよくわからない…。

A 表に整理して比較するとよくわかりますよ。

法律・予算・条約承認の議決方法

ここまでの法律案の議決・予算の議決・条約の承認は、国会の権能の中でも主要なものですし、手続に類似の規定が多いのでその違いを整理しておきましょう。いずれにも衆議院優位の規定があるのは、任期が短く解散がある衆議院が参議院より民意を反映しやすい機関であるからです。

	法律案の議決	予算の議決	条約の承認
憲法条文	59条	60条	61条（60条2項準用）
先議権	規定なし（衆議院・参議院どちらが先でもよい）	衆議院に先に提出しなければならない	規定なし（衆議院・参議院どちらが先でもよい）
議決原則	両院の可決	両院の可決	両院の可決
両院で異なる議決がされたとき	①衆議院の判断で両院協議会が開かれることもある（両院協議会は任意）②衆議院で出席議員の3分の2以上の多数で再び可決されると法律となる	両院協議会が開かれる（両院協議会は必要的）両院協議会で一致しないときは、衆議院の議決が国会の議決となる	両院協議会が開かれる（両院協議会は必要的）両院協議会で一致しないときは、衆議院の議決が国会の議決となる
参議院が衆議院の可決した議案を受け取った後、30日以内に議決しないとき	規定なし	衆議院の議決が国会の議決となる	衆議院の議決が国会の議決となる
参議院が衆議院の可決した議案を受け取った後、60日以内に議決しないとき	衆議院は、参議院が法律案を否決したものとみなすことができる→「両院で異なる議決がされたとき」の手続に進む	規定なし	規定なし

「法律の議決」「条約承認」には、先議権の規定はありません。

この場合「予算の議決」「条約の承認」では、必ず両院協議会が開かれます。

「法律案の議決」では衆議院の再議決が必要ですが、「予算の議決」「条約の承認」では、自動的に成立します。

自動的に成立するわけではありません

「予算の議決」「予約の承認」は、先議権の規定以外は同じです。

122

それでは、4番目の国会の権能です。

弾劾裁判所の設置

国会は、罷免の訴追を受けた裁判官を裁判するため、両議院の議員で組織する弾劾裁判所を設けることができます。(64条)罷免とは、本人の意思に反して職を免ずることです。国会が裁判所を設置するというのは、統治の大原則である「権力分立」に反するように思われますが、裁判官の裁判を当事者である裁判所が行うわけにいきませんよね。そこで裁判官弾劾制度は、国民の代表機関である国会の関与の下に運営されることになったのです。裁判所に対する国会の抑制の一手段ともいえます。

ただし国会が行うのは弾劾裁判所を設置することだけで、裁判は弾劾裁判所の権限で行われます。弾劾裁判所は国会の機関ではありません。弾劾に関する事項は、裁判官弾劾法という法律に詳細が定められています。

第4編 統治機構

ポイント

① 法律案・予算・条約の承認の議決
⇒原則は両院可決によるが、異なる議決がなされたときや先議権の規定は民意を反映しやすい衆議院に優位になっている。
② 弾劾裁判所
⇒罷免の訴追を受けた裁判官を裁判するため、国会が設置する裁判所。両議院の議員で組織される。

ミニテスト

1 法律案を衆議院が可決した後、参議院が否決した場合は必ず両院協議会が開かれる。
2 予算については、衆議院の議決のみで成立することもある。
3 参議院が衆議院の可決した法律案を受け取った後、一定期間議決しないときは衆議院の議決が国会の議決となる。
4 法律案の議決は、先に衆議院に提出しなければならない。
5 予算の議決は、参議院が衆議院の可決した議案を受け取った後30日以内に議決しないときは、衆議院の議決が国会の議決となる。
6 国会は罷免の訴追を受けた裁判官を裁判するため、弾劾裁判所を設置することができる。

解答 1 × 開催は任意です。2 ○ 3 × 参議院が否決したものとみなされます。
4 × 法律案の議決には先議権の規定はありません。
5 ○ 6 ○

●●● CONTENTS ●●●

第4編 統治機構

第5編 財政・地方自治

第6編 憲法改正・最高法規

面白いほど理解できる

憲　法

001 憲法の概念

憲法が何であるか、改めて考えてみましょう。

> **Q** 憲法って「日本国憲法」のことじゃないの？
> **A** それ以外にも、いろいろな概念があります。

◾ 憲法の概念 ◾

「憲法とは何ですか」と問われたら、普通は日本国憲法という名前の現在の日本の憲法を思い浮かべますね。一般的に私達の会話の中で使われる憲法といえば、それを指すでしょう。しかし、学問としての憲法、大学で学ぶ憲法科目などは必ずしもそれだけを意味しているのではありません。何を視点に考えるかによって憲法にはいくつかの異なる概念があるのです。日本の憲法の中味に入る前に、憲法の概念を確認しておきましょう。

◾ 形式的意味の憲法と実質的意味の憲法 ◾

憲法の形式に着目した概念に「形式的意味の憲法」があります。これは憲法という名前で呼ばれる、成文化された法典を意味します。日本国憲法は、「憲法」というタイトルの法典ですから、形式的意味の憲法にあたります。

一方、憲法の内容に着目した概念に「実質的意味の憲法」があります。これは、国家の統治の基本を定めた内容であることを意味し、憲法という名前がついているか、成文化されている

か、などは問いません。実質的意味の憲法には、国家機関、組織形態、各々の作用、相互関係など国家の基礎的なことがらが定められています。その内容から国家の基礎法、根本法などと呼ばれることもあります。日本国憲法は、国家の統治についての内容を定めていますから、実質的意味の憲法にもあたります。日本国憲法は、形式的意味の憲法でもあり、実質的意味の憲法でもある、そう考えると二つの概念は結果的に一致するように思えますね。しかし、そうはならない場合もあります。例えば国会法、内閣法、裁判所法といった法律は、国家機関、作用について規定されていますから実質的意味の憲法にあたると考えられますが、形式的意味の憲法にはあたりません。

立憲的意味の憲法へ

実質的意味の憲法は、国家である限りは必ず何らかの形式で存在しています。日本においても日本国家の成立以来、実質的意味の憲法を常にもっていました。ただ、それは当初は統治者を拘束するものではなく、統治者の意思の表現でしかありませんでした。これに対し近代に入り、個人の尊厳を重視する市民社会が成立すると、専制主義の国家体制が批判されるようになりました。そして国家権力を制限することにより個人の自由を守ることを目的として、憲法に国家権力の制約をおくようになります。このように国家権力が憲法の制約を受け、国政が憲法に従って行われることを立憲主義と呼びます。そして立憲主義を基礎とする内容をもつ憲法は立憲的意味の憲法、近代的意味の憲法といわれます。日本においては、明治時代に成立した、大日本帝国憲法（明治憲法）がはじめての立憲的意味の憲法といわれています。

今日においては、「憲法の原則」といえば、立憲的意味の憲法を指すといえるでしょう。

ポイント

① 形式的意味の憲法
⇒憲法という名前で呼ばれる、成文化された法典
② 実質的意味の憲法
⇒国家の統治の基本を定めた内容であるもの
③ 立憲的意味の憲法、近代的意味の憲法
⇒立憲主義を基礎とする内容をもつ憲法

ミニテスト

1 現在の日本国憲法は、形式的意味の憲法にあたる。
2 現在の日本国憲法は、実質的意味の憲法にあたる。
3 実質的意味の憲法は必ず、形式的意味の憲法と一致する。
4 立憲的意味の憲法とは、国家権力を制限することにより個人の自由を守ることを目的としている。

解答 1 ○ 2 ○ 3 × 内容的には、実質的に憲法にあたるものでも、憲法という名前ではない法もあります。4 ○

002 立憲的意味の憲法の原則

「立憲的意味の憲法」が今の主流…？

Q 立憲的意味の憲法の内容をもう少し詳しく教えて！
A 三つの原則がもりこまれていることが必要です。

立憲的意味の憲法の原則

立憲的意味の憲法、即ち近代的意味の憲法の目的は、国家権力を制限することにより個人の自由を守ることですが、その具体的な内容はそれぞれの国の歴史的、社会的背景によって異なります。しかし、次にあげる三つの原則は、何らかの形で制度化されて取り入れられているといえます。それは、

① 国民の政治参加
② 権力分立
③ 基本権の保障

です。一つずつ確認していきましょう

① 国民の政治参加

国民が単に国家の要素としての地位にとどまることなく、国の政治に参加する体制がとられることは、君主などによる専断政治を制約する最も有効な手段です。そして国家内部において政治の方向を決定する力が国民にあることを国民主権といい、近代憲法の基本原理ともなっています。政治参加には、直接参加の方法もありますが国家が巨大化し、その機能が複雑になると直接に参加することは、実際には困難

です。そこで、国民が選挙によって代表者を選び、その代表者が国民の意思を反映した政治を行うという間接民主制という方法がとられるのが一般的です。

② 権力分立

権力が一機関に集中することは、専断政治を招く要因となりやすいものです。国家作用に必要な機能を複数の機関に分散させ、相互に抑制することによって、権力の濫用を防止する仕組を権力分立と呼びます。日本国憲法でも、もちろん権力分立の考えは採用されています。具体的には国会・内閣・裁判所という三つの機関が、それぞれ国家作用を担う構成となっていることから、三権分立とも呼ばれています。

③ 基本権の保障

個人の尊厳を重視する立憲主義を確立するために、最も重要な原則です。これは、個人の基本的な権利を保障するために国家権力に制限を加え、権力の介入を阻止するものです。基本権とは、人が生まれながらに有する人とし

て自由に生きる権利、であり「基本的人権」あるいは単に「人権」とも呼ばれます。国民の政治参加も権力分立も、この基本権の保障のために必要な手段であるといえます。

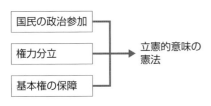

立憲的意味の憲法の特徴

形式面、性質面の特徴もみておきましょう。立憲的意味の憲法は、形式の面では成文憲法、性質の面では硬性憲法であるのが一般的です。

成文憲法とは、成文の形式をとる、即ち法として文章化されている憲法のことです。法成文化の要請としては、一般に社会構造の複雑化にともない、法律関係を明確にする必要があげられますが、成文憲法にはさらに、その内容が不明確であったり慣習に基くようなものであれば、憲法に基かない権力があらわれたり、権力者の事実の積み重ねによって立憲主義を脅かすといった事態が考えられるので、それらを防止する点からも成文化の要請があります。

硬性憲法とは、改正する際には通常の法手続よりも厳格な手続によらなければならないという性質です。立憲的意味の憲法は、国民の基本権を保障し、国家権力を制限するものですから、安易で軽率な変更を受け入れるべきではないと考えられています。

ポイント

① 立憲的意味の憲法の原則
⇒国民の政治参加、権力分立、基本権の保障

② 立憲的意味の憲法の形式的特徴
⇒成文の形式をとる、即ち法として文章化されている成文憲法であること

③ 立憲的意味の憲法の性質的特徴
⇒改正する際には通常の法手続よりも厳格な手続によらなければならない硬性憲法であること

ミニテスト

1 立憲的意味の憲法には、基本権の保障の規定が含まれている。
2 権力分立とは、国家作用に必要な機能を複数の機関に分散させ、相互に抑制することによって、権力の濫用を防止する仕組である。
3 立憲的意味の憲法の改正は、通常の法手続と同様に行われる。

解答 1 ○ 2 ○ 3 × 硬性憲法の特徴としてより厳格な手続で行われます。

003 憲法の分類

憲法にはいろいろなタイプがあるのですね。

Q 憲法には、他にも分類方法があるの？
A 様々な視点による分類方法があります。

前テーマで登場した成文憲法、硬性憲法も含めて、憲法の分類方法を紹介していきましょう。憲法の分類は、その形式、性質、主体によって、また憲法がいかに機能しているかなどによって次のように分類することができます。

形式による分類

憲法の形式という点からは、**成文憲法**と**不文憲法**という分類ができます。成文憲法が存在形式が成文であるものであるのに対して、不文憲法とは存在形式が慣習や判例など、法として文章化されていないものです。

近代憲法の一つの特色は、それが成文化されていることです。19世紀から20世紀にかけて、各国で立憲主義が採用され憲法は成文化されてきました。現在では、ほとんどの国が成文化された憲法をもっています。日本国憲法も成文憲法です。

性質による分類

憲法の硬度という点で、**硬性憲法**と**軟性憲法**という分類ができます。通常の法手続と同様の手続で改正できるものを軟性憲法といい、改正する際には通常の法手続よりも厳格な手続によらなければならないものを硬性憲法といいます。

どの程度厳格な手続とするかは、それぞれの憲法によって異なりますが、主には定足数や議決の要件を厳しくする、特別の憲法会議を設ける、国民投票のように国民が直接改正手続に参加する、などの方法があります。近代憲法においては、安易な改正を防止し高度な法的安定性をはかるために、硬性憲法であることが望ましいと考えられています。日本国憲法も硬性憲法です。

主体による分類

憲法制定の主体、即ち誰が憲法を制定するか、という点で、**欽定憲法、民定憲法、協約憲法**に分類することがで

きます。欽定憲法は、君主によって制定される憲法、民定憲法は国民によって制定される憲法、協約憲法とは君主と国民の合意によって制定される憲法です。この基準は、制定の主体を形式的にみた分類であり、憲法の実質的な内容をあらわすものではありません。欽定憲法であっても、国民の意思を取り入れた民主的な憲法もあるのです。

主体による分類 ─ 欽定憲法
　　　　　　　├ 民定憲法
　　　　　　　└ 協約憲法

日本国憲法が、どの分類にあたるかは必ずしも明らかにされていません。それは憲法の上諭と前文の記載内容の相違によるものですが、これはテーマ**007**「日本国憲法の上諭と前文」で後述します。

ポイント

① 　形式による憲法の分類
　　　⇒成文憲法…存在形式が成文である
　　　　不文憲法…存在形式が慣習や判例であって、成文化されていない
　　　　日本国憲法は成文憲法である。
② 　性質による分類
　　　⇒硬性憲法…通常の法手続よりも厳格な手続でなければ改正できない
　　　　軟性憲法…通常の法手続と同様の手続で改正できる
　　　　日本国憲法は硬性憲法である。
③ 　主体による分類
　　　⇒欽定憲法…君主によって制定される
　　　　民定憲法…国民によって制定される
　　　　協約憲法…君主と国民の合意によって制定される

ミニテスト

1　日本国憲法は、成文憲法である。
2　日本国憲法は、軟性憲法である。
3　通常の法手続よりも厳格な手続でなければ改正できない憲法を、軟性憲法という。
4　近代憲法においては、安易な改正を防止し高度な法的安定性をはかるために、硬性憲法であることが望ましいと考えられている。
5　欽定憲法とは、国民によって制定される憲法である。

解答　1 ○　2 × 日本国憲法は硬性憲法です。3 × 硬性憲法といいます。
　　　　　4 ○　5 × 君主によって制定される憲法です。

004 日本の憲法史〜明治憲法

日本の憲法の歴史をみていきましょう。

> **Q** 日本には、いつから憲法があるの？
> **A** 立憲的意味の憲法は、明治憲法が最初といわれています。

　明治時代以前は、理論的に実質的意味の憲法はあっても、立憲的意味の成文憲法は存在していませんでした。日本における近代的憲法の歴史は、明治22年に発布された大日本帝国憲法いわゆる明治憲法からはじまります。

明治憲法の制定

　長期に渡り封建制を維持してきた徳川幕府は、1867年天皇に大政を奉還し、その後の版籍奉還、廃藩置県によりここに中央集権的な近代国家としての日本がスタートしました。その後も士農工商などの封建的身分制度の廃止が続く中で、やがて明治国家の新制度が確立し、1889年（明治22年）、天皇制定の欽定憲法として明治憲法が制定されることになります。

明治憲法の特色

　明治憲法は、立憲的意味の憲法といいながら、本質的に天皇の権能を中心とする君主制の傾向の強い憲法です。したがって、明治憲法には民主的要素と反民主的要素が混在しています。また、民主的要素であっても、天皇の権能を制約しないように配慮されています。それぞれの要素ごとに明治憲法の特色を確認していきましょう。

反民主的要素

　明治憲法は、主権が天皇にあることを基本原理としています。しかもこの天皇の地位は、神の意思に基くものとされ、天皇制を変えることはできないとされました。また、天皇は統治権の総攬者とされ、すべての国家作用を掌握し統括する権限を有する者とされました。そして、皇室に関する規定は皇室典範に定められ、それは天皇によってのみ改廃が可能であり、議会は関与できないとされたことも反民主的要素といえます。

民主的要素

　明治憲法は、立憲的意味の憲法としての諸制度も採用していましたが、それらはいずれも不完全なものでした。まず、基本権保障の面では、個人の尊重という理念に基いて国民の権利と自由の保障が定められました。封建制の時代からみれば、大きな進歩です。し

かし、その権利や自由は、人が生まれながらに有するという観念ではなく、**天皇が臣民に対して恩恵として与えた**という考え方でした。

権力分立制はとられていましたが、それぞれの機関の機能には制約が多く、本来の目的は果たせていませんでした。帝国議会の権限は立法の面でも、予算の面でも大きく制限されており政府や軍部に対するコントロールは弱いものでしたし、司法権は行政事件については扱うことができませんでした。そして内閣は、憲法には規定されていませんでした。

国民の政治参加という面では、帝国議会に**民選議員で構成される衆議院**ができたことは立憲主義のあらわれですが、皇族、華族、勅任された議員で構成される貴族院が衆議院と同等の権能をもち、衆議院を抑制する役割を果たしていたことは民主制をそこなうものでした。

明治憲法の展開

このように明治憲法は、民主的要素と反民主的要素が混在する特徴的な憲法でしたが、それは時代とともに展開していきます。大正から昭和にかけては立憲的な学説の影響や政党の発達とともに、民主的要素に重点を置いた運用がなされ政党政治が実現しました。しかし、その後、政党政治の荒廃とともに軍部の勢力が増大し、軍国主義が政治を左右するようになると明治憲法の立憲主義的な面はほとんど消滅してしまいました。

ポイント

① 明治憲法の反民主的な特色
　⇒天皇主権であること
② 明治憲法の民主的な特色
　⇒・国民の権利と自由の保障が定められたこと
　　・権力分立が取り入れられたこと
　　・帝国議会の組織である二院のうち、衆議院は民選議員で構成されたこと
　　　〜但し、いずれも不完全な面を有していた

ミニテスト

1　日本で立憲的意味の成文憲法として最初に制定されたのは、明治憲法である。
2　明治憲法は国民主権を原理としている。
3　明治憲法で定められた国民の権利と自由は、天皇が臣民に対して恩恵として与えたものである。

解答　1 ○　2 × 天皇主権の憲法です。3 ○

005 日本の憲法史～日本国憲法の成立

現在の憲法はどのようにつくられたのでしょう？

> **Q** おしつけ憲法って聞いたことあるけど…
> **A** 憲法の制定過程から、そう呼ばれました。

明治憲法から日本国憲法へ

明治憲法下で軍国主義に突き進んだ後に、1945年、第二次世界大戦で日本は連合国に無条件降伏しました。そして連合国の占領下において1947年に新たな日本国憲法が制定されました。それは、直接には降伏後の占領、連合国軍総司令部の指示などの外部からの圧力によるものでしたが、明治憲法自体にもその反民主的要素から改正を必要とする理由が内在していたと考えられます。

日本国憲法の制定過程

①ポツダム宣言の受諾

1945年7月、連合国はポツダムで日本の降伏条件を宣言し、8月に日本は受諾しました。ポツダム宣言の条項には、民主主義の復活、基本的人権の尊重、平和的な政府の樹立などが要求され、明治憲法の反民主的要素を否定するものでした。しかし日本政府はこの段階ではまだ、憲法を改正しなくても、民主的要素を充実させる運用によって宣言に沿う政府をつくれると考えていました。

②憲法改正草案

その後ポツダム宣言の忠実な履行には憲法改正が必要、との意見も出るなか1945年10月、総司令部は当時の内閣総理大臣に憲法改正を検討すべき指示を出しました。政府は、松本国務大臣を中心とした憲法問題調査委員会（松本委員会）を発足させ改正作業を進めさせました。1946年2月8日に政府は、憲法改正草案（松本案）を総司令部に提出しましたが、それは天皇が統治権を総攬するという原則は変えず、天皇の権能を削除するにとどまる保守的なもので容認されませんでした。

③マッカーサー草案

政府の憲法改正に対する保守的な考え方に驚いた総司令部は、総司令部側で草案をつくることにしました。最高司令官マッカーサーが命じた、

・天皇の地位（天皇は国の元首）

・戦争放棄

・封建制の廃止

の三原則を基礎としてつくられた草案いわゆるマッカーサー草案は、2月13日に日本政府に手渡されました。草案がわずか1週間という短期間に行われ

た背景には、近く活動開始予定であった極東委員会によって憲法改正の権限を制約される前に、総司令部改正案を既成事実化する必要があったからといわれています。政府は、マッカーサー草案に基いて日本案作成に着手しました。

④日本国憲法の成立

マッカーサー草案に基く日本案の起草はほとんど草案をそのまま採択する形でまとめられ、3月憲法改正草案要綱として発表されました。その後、明治憲法73条の定める改正手続に従い帝国議会の審議を経て日本国憲法は公布され、翌年5月に施行されました。

おしつけ憲法論

このような制定過程からみて、日本国憲法は実質、総司令部の強制によって制定された憲法で、日本国民の自由で自主的意思によって成立したということはできません。このことから、日本国憲法は「おしつけられた憲法」として改正の必要性を主張する意見が強くなりました。しかし制定の過程におしつけの要素があったとしても、それが直ちに改正の理由になるとはいえません。日本国憲法の内容は、**国民主権を認め、基本的人権、戦争の放棄を定める**など、民主・自由・平和の原則を徹底したものであり、国民はその進歩性に驚きながらも民主化の方向を歓迎したのです。また、その施行以来、憲法の基本原理が国民に定着してきたという事実をみると、一概に「おしつけ憲法」と決めつけることはできません。

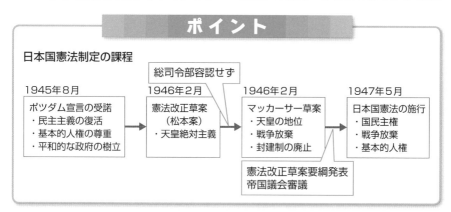

ポイント

日本国憲法制定の課程

総司令部容認せず

1945年8月	1946年2月	1946年2月	1947年5月
ポツダム宣言の受諾 ・民主主義の復活 ・基本的人権の尊重 ・平和的な政府の樹立	憲法改正草案 （松本案） ・天皇絶対主義	マッカーサー草案 ・天皇の地位 ・戦争放棄 ・封建制の廃止	日本国憲法の施行 ・国民主権 ・戦争放棄 ・基本的人権

憲法改正草案要綱発表
帝国議会審議

ミニテスト

1　日本国憲法は、日本国民の自由で自主的な意思に基いて制定された。
2　日本国憲法は、明治憲法の改正手続に従い帝国議会の審議を経て成立した。

解答　1　×　実質的には総司令部の強制によって制定されました。2　○

006 日本国憲法の目的と構成

我が国の憲法の中味をみていきましょう。

Q 憲法の目的って何？
A 個人の尊厳を守ることが、大きな目的です。

憲法制定の目的

　憲法は、国家において最も基本となる法律です。国家が秩序をもった社会として発展していくために必要不可欠な根本原理、基本概念ともいえます。そして日本国憲法がめざすもの、その大きな目的は**個人の尊厳を守ること**です。人が人として尊重され、自由にそして幸福に生きることのできる社会、これを達成するための仕組みの根幹を定めたものが憲法です。

憲法の構成

　日本国憲法は、前文と11章103条の本文から成ります。前文は、憲法制定の由来、目的などの宣言文であり、第9章、10章、11章は手続面や憲法の位置づけについて規定されたものですので、憲法の根本的内容が規定されているのは、第1章〜第8章といえるでしょう。各々は次のような内容になっています。

　　第1章　天皇…天皇の地位
　　第2章　戦争の放棄…平和主義
　　第3章　国民の権利及び義務…
　　　　　　　　　　　　基本的人権

　　第4章　国会〜第8章　地方自治
　　　　…統治機構

　さらに大別すると、第1章：天皇と第4〜8章は国家の機関、組織に関するもので基本的人権を実現するための手段です。第2章：戦争の放棄は、第3章：国民の権利たる基本的人権を実現するための前提となるものであり、第3章：国民の権利及び義務はまさに基本的人権の規定です。

第1章4〜8章が実現の手段となる

第2章が実現の前提となる

基本的人権 … 第3章が規定

個人の尊厳

　このように憲法の規定は、皆、基本的人権すなわち憲法の目的である「個人の尊厳」のためにあるといえます。

憲法の補完

　憲法は、国家の基礎となる重要な法律であるにもかかわらず、条文数は100余りとシンプルで少なく感じられるかもしれません。これは、その対象範囲を幅広くカバーするためです。そ

れ故に憲法には抽象的な規定が多く、解釈が難しいものもめだちます。そのため、学説（学問上の説）や判例（実際の裁判事例）がそれぞれの規定を補完しているものもあります。

憲法と他の法律との関係

憲法は他の法律とどこが違うのでしょうか。民法、刑法、商法、会社法などわが国には様々な法律がありますが、これらはすべて憲法を基礎としています。即ち、どんな法律でも憲法に反するような内容にすることはできません。そして、法律は憲法の目的である「個人の尊厳」を実現するためより具体的な内容を規定しているといえるでしょう。これは第98条の憲法の最高法規性「この憲法は、国の最高法規であって、その条規に反する法律（—略—）に関するその他の行為（—略—）は、その効力を有しない」にもあらわれています。

このように憲法は様々な法律の根拠となっており、法律は憲法をより具体化しているという関係にあります。

ポイント

① 憲法の目的
　⇒個人の尊厳を守ること
② 憲法の構成
　⇒大きくは、「天皇の地位」「平和主義」「基本的人権」「統治機構」に分かれるが、いずれも基本的人権の実現のための規定である。
③ 憲法の最高法規性
　⇒憲法は、他のすべての法律に優越する効力をもっている。
④ 憲法と他の法律との関係
　⇒憲法は、他の様々な法律の根拠であり、法律は憲法を具体化したものである。

ミニテスト

1　憲法の目的は、個人の尊厳を守ることである。
2　憲法と他の法律との間に、優劣はない。
3　憲法以外の法律は、すべて憲法を基礎としている。

解答　1 ○　2 × 憲法は他のすべての法律に優越しています。3 ○

007 日本国憲法の上諭と前文

憲法前文は決意表明のようですね…

Q 憲法前文には何が書かれているの？

A 憲法の基本原理である「国民主権」「基本的人権の尊重」「平和主義」が宣言されています。

日本国憲法の上諭

006 で憲法の構成を説明しましたが、憲法の条文と見比べた方は前文のさらに前に、大臣名を連ねた文章があることに気がつかれたと思います。「朕は、…」という文です。これは「上諭」といって憲法制定における天皇の形式的な「おことば」です。「日本国憲法」のタイトルの前に掲げられていますから、憲法の一部ではありませんが、前文の記載との違いにとまどといけないので先に解説しておきます。

上諭と前文第1項の矛盾

上諭には、「朕は、（―略―）帝国憲法第73条による帝国議会の議決を経た帝国憲法の改正を裁可し（―略―）」とあります。上諭では、日本国憲法は**天皇が**帝国憲法の**改正として**成立させた欽定憲法であるとされています。これに対して前文第1項には「日本国民は、（―略―）主権が国民に存することを宣言し、この憲法を確定する。（―略―）」とあり、**国民が**新たに**制定し**た民定憲法であると定めています。こ

の矛盾を解決するには諸説ありますが、ここではわかりやすい説の結論だけ紹介しておきます。それは、実質的には、新たに国民が制定した憲法ですが、便宜上、前憲法との間に形式的な継続性をもたせるために、前憲法の改正という方法をとることにした、即ち手続的に改正をしたという建前になっているという解釈です（8月革命説）。ですから、実質的には日本国憲法は新たに国民が制定した憲法と考えられます。憲法の基本原理である国民主権のあらわれです。

また前文第1項は、「自由のもたらす恵沢」の確保と「戦争の惨禍」からの解放という、**基本的人権**と**平和主義**を謳い、ここに日本国憲法の基本原理を示しています。

前文第2項〜4項

前文第2項は、平和主義への願いを訴え、そのための決意を語っています。第2項の後半部分にある「平和のうちに生存する権利」は、平和生存権と呼ばれています。

第3項は、「(一略一)自国のことのみに専念して他国を無視してはならない(一略一)」として他国との国際協調主義を謳っています。

第4項は、これまで述べてきた国家の目的を国民が達成することを誓約しています。

前文の法的性質～法規範性

前文とは、一般的に法律の最初に付され、制定の由来や目的、制定者の決意などが表明されるものです。日本国憲法の場合も、前文は先に述べたように精神論的な表現が主になっていますが、これは法律といえるでしょうか?

一般的な解釈としては、YESです。前文は、憲法の一部であり、後に続く条文と同じように法律としての性質を有する(法規範性を有する)と解されています。

前文の法的性質～裁判規範性

前文に法規範性があることは一般にみとめられていますが、裁判規範性の有無については解釈が分かれています。裁判規範性とは、前文を根拠として裁判ができるか、という基準です。

これには、否定説(裁判規範性はない)と肯定説(裁判規範性はある)があります。否定説は、前文の内容が抽象的な表現で具体性を欠いているから裁判の根拠とはできないと考えています。これに対して肯定説は、前文の抽象性は本文に比べれば、というレベルで一概に裁判規範性を否定する理由にならないと考えています。

ポイント

① 憲法前文
⇒平和主義、基本的人権、国民主義、国際協調主義などが謳われている。
② 憲法前文の法規範性と裁判規範性
⇒法規範性は、一般的にあると考えられているが、裁判規範性については、肯定する説と否定する説とがある。

ミニテスト

1 憲法前文には、日本国憲法の基本原理である国民主権、平和主義、基本的人権などが明確に宣言されている。
2 日本国憲法は、形式的には明治憲法の改正という手続をとっているが、実質的には新たに制定された憲法と考えられる。
3 憲法前文には、裁判規範性がある。

解答 1 ○ 2 ○ 3 × 肯定説と否定説があります。

008 第1編 序論 の用語解説

聞きなれない法律用語、歴史上の用語などについて、各編毎にテーマに登場した順に解説していきます。

Q 専制主義って何？

A 政治支配体制の一種で、民主主義と対立する語です。

テーマ001

専制主義

君主や独裁者、政党、軍部など一部の者が主権を独占し、自分達の意思のみで政治を支配する体制。民主主義と対立する用語です。

テーマ002

間接民主制

民主制の政治形態の一つで国民が議員その他の代表者を選挙し、それを通じて政治に参加する制度。代表民主制ともいいます。間接民主制に対して、国民が代表者を媒介することなく直接に国の統治作用に参加する制度を直接民主制といいます。近代国家のほとんどは間接民主制をとっていますが、例外的に直接民主制による方式が認められているものもあります。例えば、我が国でも憲法改正の国民投票、最高裁判所裁判官の国民審査はその性質上、国民直接参加の方式をとっています。

慣習

古くから受継がれているならわしや社会生活の中で繰り返し行われ、ある程度、人の行動を拘束するようにまでなった社会規範。法と同等の効力を認められるまでになった慣習は慣習法と呼ばれます。立法機関によらない、不文法です。

テーマ003

定足数

合議体が議事を行ったり、議決を行うために必要な最小限度の出席者数。

憲法の上諭と前文

上諭とは、憲法のような重要な法令の制定における天皇のおことば、公布文をさします。前文とは、法令の最初に掲げられ、制定の由来や目的、制定者の決意などが表明されています。日本国憲法前文は4項からなり憲法の基本原理が宣言されています。

テーマ004

大政奉還

徳川幕府の最後の将軍、徳川慶喜が天皇に政権を返上した政治的事件。

版籍奉還

1869年、明治政府によって行われた中

央集権化事業の一つで、諸大名から天皇へ領地と領民を返還させたこと。

廃藩置県

1871年、明治政府がそれまでの大名領であった藩を廃止し、府県制度に統一した行政改革。版籍奉還、廃藩置県により封建政治は実質的に終結し、日本は中央集権国家へと変っていきました。

権能

権限、権利又は権利の機能のこと。「権限」は、能力の限界を強調した表現であるにの対し、「権能」は能力の内容についての用語です。

皇室典範

主に皇位継承や摂政などを規定した皇室に関する法律。明治憲法下では、憲法と等しい効力をもつ法とされ、改正は天皇によってのみ可能で帝国議会は関与できませんでした。現在の皇室典範は、一般の法律と同じで国会の議決で改正できます。

テーマ005

極東委員会

第二次世界大戦後、降伏した日本の管理にあたった、連合国代表者からなる日本占領統治の最高機関。

テーマ006

基本的人権

人間が生まれながらに当然にもっている基本的な権利。人権、基本権ともいい、憲法で保障されています。

学説

法律の解釈における学問上の説。学説の中で多数の支持を受けている学説を通説と呼びます。

判例

実際の裁判事例。法律の解釈における指標になります。最高裁判所による判例は、特に強い拘束力をもちます。

テーマ007

朕は

私は、ということ。天皇や皇帝が自分のことをさすときに使います。

帝国憲法

大日本帝国憲法の略称。明治22年に制定された日本ではじめての近代憲法です。現在の憲法の前に制定されていた憲法のことで、旧憲法、明治憲法とも呼ばれています。

帝国議会

大日本帝国憲法の下で設けられた議会。貴族院と衆議院で組織されていました。議会の地位は低く、現憲法下の国会ほどの権能は有していませんでした。

国民主権

国の主権が国民に存するという原理。憲法の基本原則です。

009 憲法における天皇制

憲法第１章は「天皇」のことが書かれていますね。

> **Q** 天皇はどのような地位にあるの？
>
> **A** 天皇は「日本国の象徴」とされています。

象徴としての天皇

憲法第１条　冒頭に「天皇は、日本国の象徴であり」とあります。象徴とは、一般的には抽象的で形のないものを音・色・物など具体的で形のあるものなどをかりて表すことですね。例えば「鳩は平和の象徴である」としてシンボルマークに利用したりします。また、「○○先生は、■■予備校の象徴だ」といった言い方も聞きます、「■■予備校といえば○○先生！」というニュアンスでしょうか。それに比べると「日本国といえば天皇だ」というのは、多少違和感がありますね。他にも日本を象徴するものはたくさんあります。例えば、桜とか富士山、着物、お正月行事など。天皇もまた日本の象徴のひとつであると考えておけばいいでしょう。

ここで大切なのは象徴という言葉の意味をつきつめることではなく、天皇が象徴としての地位**のみ**となっていることです。これは明治憲法と比較してみるとよくわかります。

明治憲法での天皇との違い

明治憲法にはこのような規定がありました。

第３条　天皇ハ神聖ニシテ侵スヘカラス

第４条　天皇ハ国ノ元首ニシテ統治権ヲ総攬シ（―略―）

これらからわかるように明治憲法下において、天皇は国政に対して絶対的権力をもっていました。天皇は日本国民の象徴であるだけでなく、主権者でもあったのです。しかし、現在の憲法においては、先に紹介した前文や第１条の後半に「主権の存する日本国民」とあるように、主権は国民にあります。天皇にはもはや国民を代表したり、政治的な判断をするといった権限はなく、**象徴に過ぎない存在**となったのです。これが、現憲法における象徴としての天皇即ち「象徴天皇制」の意味です。

天皇の地位の根拠

象徴天皇としての地位は、絶対的で変えられないものではありません。

第１条後半に「（―略―）この地位

は、主権の存する日本国民の総意に基く。」とあります。先に記述した明治憲法第3条と比較してみてください。

明治憲法		現憲法
天皇は神聖、侵すべからず	↔	天皇の地位は国民の総意に基く

現憲法において天皇の地位は、国民全体の意見・意思を根拠としており、それ故に国民の意思によりその地位を変更することも可能とされています。

天皇と裁判権

日本国の象徴とはいえ、天皇も一人の人間です。ただ我々一般国民とは異なることがたくさんあります。例えば法律的な観点から考えると、天皇に裁判権が及ぶのかという疑問がでてきます。天皇を相手に訴訟を起こすことができるのか、天皇を被告として裁判所が判決を下すことができるのかということです。

まず刑事裁判に関しては、天皇の代理機関である摂政について「摂政は在任中は訴追されない」という皇室典範第21条を根拠として刑事裁判権が及ばないことから、天皇にも同様に刑事裁判権は及ばないと考えられています。では、民事裁判権はどうでしょう。これに対する答えは、最高裁判所の判例上はNOです。実際に天皇が訴えられた事件がありますが、最高裁判所は、天皇が日本国の象徴であることに鑑み、天皇に民事裁判権は及ばないとしました。（最判平元.11.20）

ポイント

① 象徴天皇制
　⇒天皇が日本の象徴としての地位のみをもつことである。
② 天皇の地位の根拠
　⇒憲法上「国民の総意に基く」とされている。
③ 天皇と刑事裁判権
　⇒条文を根拠に刑事裁判権は及ばないと考えられている。
④ 天皇と民事裁判権
　⇒判例上は、民事裁判権は及ばないとされている。

ミニテスト

1　日本国の主権は、天皇にある。
2　天皇の地位は神聖なもので変えることはできない。
3　天皇には、刑事裁判権は及ばないと考えられる。

解答　1　× 国民にあります。2　× 国民の意思により変えることも可能です。
3　○

第2編　天皇制・平和主義

19

010 皇位の継承

「皇位」とは天皇のことです。

Q 誰が天皇になるの？

A 天皇の地位は世襲によるものとされています。

皇位の継承

憲法第2条で、「皇位は、世襲のものであって」とされています。皇位とは、天皇の地位のことです。天皇の地位は、**特定の血統の者のみ**に認められるもので、実際には現在の天皇の子・孫などが代々引き継いでいくことになります。第2条の後半には、「国会の議決した皇室典範の定めるところにより」とあり、皇位継承に関しての詳細な規定は憲法ではなく、**皇室典範**という別の法律に定められています。

憲法に規定されているのは、

・継承は**世襲**による

・詳細は皇室典範で定める

ということだけです。

天皇の資格

皇室典範第1条には、「皇位は皇統に属する男系の男子がこれを継承する。」と規定されています。従って、現法律下では、天皇になれるのは**男子のみ**です。継承の順番については、皇室典範の第2条に細かく規定されています。また天皇は養子をすることが禁じられています。（皇室典範第9条）

したがって、天皇は自分の意思で跡継ぎを決めることはできないのです。

そして継承の原因は、皇室典範では天皇の死去（崩御）に限定されています（皇室典範第4条）。ただし、平成29年に天皇の退位等に関する皇室典範特例法が制定され、当時の天皇に限り退位が認められました。この法律に基づき平成31年4月30日に天皇が退位し、翌日の5月1日に新天皇が即位して、令和への改元が行われました。

なお、これらの規定は、皇室典範を改正することにより変えることができます。たとえば皇室で長年、男子が誕生せず次の天皇候補が存在しなくなるおそれがある場合には、憲法を変えることなく皇室典範の改正だけで女子が天皇となることも可能です。

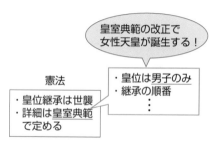

皇室典範の改正で
女性天皇が誕生する！

憲法
・皇位継承は世襲
・詳細は皇室典範で定める

・皇位は男子のみ
・継承の順番
　　：

それに対して、天皇制そのものや、世襲制といった根本的なことを変えるには、憲法を変えなくてはいけませんから、その場合は長い長い道のりが必要（テーマ084「憲法改正」参照）です。

天皇の代理機関

天皇が成年に達していなかったり、重い病気や事故などで、天皇としての仕事ができない場合は、「摂政」という機関がおかれます。（皇室典範第16条）そして、「摂政」は、憲法第5条に規定されるとおり、**天皇の名**で天皇に代わり定められた行為を行います。

「摂政」は、皇族のなかで皇室典範第17条に定められた順番で就任します。皇位継承者と異なり、**女子も就任**することができます。

「摂政」をおくほどではない場合、たとえば海外旅行で長期不在などの場合は、天皇は憲法第4条第2項により他の皇族に臨時代行を委任することができます。臨時代行の順位は、摂政と同じです。（国事行為の臨時代行に関する法律第2条）

「摂政」は、天皇の意思によらず法律で自動的に定められた代理機関であり、「臨時代行」は天皇の意思により委任された代理機関といえます。

「摂政」も「臨時代行」も天皇の代理機関であり、天皇が行うべき行為をするわけですが、日本国の象徴とはなりえません。

ポイント

① 皇位の継承
　　⇒憲法の規定により天皇の地位は、世襲によって引き継がれる。
② 皇室典範
　　⇒皇位継承の詳細は、皇室典範という法律に規定されている。
③ 摂政
　　⇒天皇の法定の代理機関。
④ 臨時代行
　　⇒天皇の委任による代理機関。

ミニテスト

1　天皇の地位の継承を世襲制とすることは、憲法に定められている。
2　女子を天皇とするためには、憲法の改正が必要である。
3　摂政は天皇の法定の代理機関であり、女子もなることができる。
4　摂政は、天皇の代理機関であるから日本国の象徴である。

解答　1 ○　2 × 皇室典範の改正で可能です。3 ○
　　　　4 × 摂政は日本国の象徴とはなりえません。

011 天皇の権能1

天皇の権能を明らかにしていきましょう。

Q 天皇は、何ができるの？

A 天皇は、国事に関する行為のみを行います。

天皇の権能の範囲

権能とは、その人がもつ権限や権利のことです。天皇には、何ができるのでしょうか。憲法第4条に、天皇の権能の範囲が定められています。

> 第4条　第1項
> 　天皇は、この憲法の定める国事に関する行為のみを行ひ、国政に関する権能を有しない。

「国政」とは国の政治全般のことです。したがって「国政に関する権能を有しない」とは、天皇が政治に介入してはならないことを意味しています。これに対して、「国事」とは、国政に対立する概念として用いられており政治に関係がない形式的な国の事務と考えられています。

天皇は、国の政治を実質的に決めるようなことはできません。天皇が行えるのは、「国事に関する行為のみ」です。これは憲法第6条、7条に掲げられている行為をさしています。これらの行為は、いずれも政治的意味をもたない儀礼的行為や決定権をもたない形式的行為となっています。したがって

天皇にこれらの権能を与えても、一部の者に政治的利用されるおそれはありません。

第6条の国事行為

憲法第6条には国の重要人物に対する天皇の任命権が規定されています。

「任命」とは、ある人を一定の地位や職に就けることですが、あくまでも形式的な行為のみで、天皇が人選できるわけではないことに注意しましょう。

> 第1項　天皇は、国会の指名に基いて、内閣総理大臣を任命する。
> 第2項　天皇は、内閣の指名に基いて、最高裁判所の長たる裁判官を任命する。

条文が定めるとおり、実質的な選任は、各々国会、内閣が行います。

	指名するのは	任命するのは
内閣総理大臣	国　会	天　皇
最高裁判所長官	内　閣	天　皇

第7条の国事行為

憲法第7条には10個の国事行為が規

定されています。

> 第1号　憲法改正、法律、政令及び
> 　　　条約を公布すること。

　公布とは、成立した法律等を一般の人々に広く知らせることです。**天皇は成立の過程には関与せず、公布のみを**行います。公布方法は、天皇の名で官報に掲載することによってなされます。

> 第2号　国会を召集すること。

　議員に対して、期日・場所等を示して集合させる行為です。一般的には**招**集と書きますが、国会については、特に**召**集という言葉が用いられます。

> 第3号　衆議院を解散すること。

　「解散」とは、議員の任期が満了する前に、議員の資格を失わせることです。解散があるのは衆議院のみで、参議院にはありません。

> 第4号　国会議員の総選挙の施行を
> 　　　公示すること。

　「総選挙」とは一般には衆議院議員の任期満了又は解散による選挙をさしますが、ここでは参議院議員の任期満了による選挙（一般には「通常選挙」といいます）も含みます。

> 第5号　国務大臣及び法律の定める
> 　　　その他の官吏の任免並びに全権委
> 　　　任状及び大使及び公使の信任状を
> 　　　認証すること。

　「認証」とは、一定の行為や文書の成立などが正当な手続によってなされたことを公に証明することです。国務大臣を**任免**（任命と罷免）するのは内閣総理大臣で（憲法第68条）、**天皇は認証するのみ**です。

ポイント

① 天皇の権能
　⇒天皇は、国事に関する行為のみを行い、国政に関する機能はもたない。
② 天皇の国事行為
　⇒天皇は、憲法第6条、7条に規定された行為を行う。

ミニテスト

1　天皇は、国事に関する行為を行う。
2　天皇の行える国事行為は、憲法に定められている。
3　天皇は、内閣総理大臣を任命する。
4　天皇は、最高裁判所長官を指名する。

解答　1 ○　2 ○　3 ○　4 ×　指名は内閣が行い、天皇は任命します。

23

012 天皇の権能2

形式的だけど、天皇はいろいろなことを行っていますね。

Q 天皇の国事行為は、天皇の判断で行っているの？

A 内閣の助言と承認に基いて行われます。

第7条の国事行為の続きです。

> **第6号　大赦、特赦、減刑、刑の執行の免除及び復権を認証すること。**

「大赦、特赦、減刑、刑の執行の免除及び復権」とは恩赦の種類です。恩赦とは訴訟法上の手続によらずに刑罰を消滅させたり、軽減させる行為です。恩赦の詳しい内容は恩赦法という法律に規定されています。恩赦は**内閣が決定**（憲法第73条7項）し、**天皇は認証を行うのみ**です。

> **第7号　栄典を授与すること。**

「栄典」とは、国が特定の者に対しその栄誉をたたえるために与える特別な地位です。誰に与えるかは、内閣が決定し、天皇は手渡すだけです。

> **第8号　批准書及び法律の定めるその他の外交文書を認証すること。**

「批准書」とは、条約の締結について当事国が最終的に確認した旨の意思を表示した文書です。条約を締結するのは内閣（憲法第73条3項）で、天皇はやはり認証を行うのみです。

> **第9号　外国の大使及び公使を接受すること。**

「大使・公使」とは外交使節の上位階級のものをさします。実質的な外交関係の処理は内閣が行います（憲法第73条2項）が、天皇は、外国の大使や公使の挨拶を受け、それに答えるなど儀礼的な行為を行います。

> **第10号　儀式を行ふこと。**

天皇が主宰する国家的な儀式をさします。たとえば皇位の継承があったときに行われる即位の礼や天皇の葬儀にあたる大喪の礼などです。

以上が、天皇の国事行為です。いずれも**形式的・儀礼的な行為**であることがわかります。

🚩 天皇の国事行為に必要なもの 🚩

憲法第3条に「天皇の国事に関するすべての行為には、**内閣の助言と承認**を必要とし」とあります。また第7条の柱書にもしつこく「内閣の助言と承認により」と規定されています。ここまで確認してきた天皇の行える国事行

為はすべて、**内閣の助言と承認**に基いて行われるのです。天皇が自分で考えて決定できることはありません。先に記述した国事行為のなかで、国会の召集や衆議院の解散などは「天皇が行うものなの？」と思われたかもしれませんが、これらも天皇が決定するわけではないということです。

天皇の国事行為の責任

すべての国事行為は、内閣の助言と承認によって行われ、天皇は何に対しても実質的に決定する権限はないのですから、行為の結果について天皇が責任を問われることもありません。憲法第3条の後半に「内閣がその責任を負ふ」とされているとおり、**天皇の国事行為の責任は内閣が負います。**

天皇のその他の行為

天皇も私達国民と同じ人間ですから、散歩をしたり友人と食事をしたり、といった私的な行為はもちろん行うことができます。ところが天皇が行う行為は、憲法で定められた国事行為とこうした私的行為だけではありません。たとえば、国会開会式に出席し、「おことば」を述べます。災害が起きたときには、現地の人々のお見舞いにいきます。これらは、国の象徴としての地位に基く公的行為として認められていると考えられています。

ポイント

① 天皇の国事行為の要件
   ⇒すべての国事行為には、内閣の助言と承認が必要。
② 天皇の国事行為の責任
   ⇒天皇の行った国事行為の結果は内閣が責任を負う。
③ 天皇の行為
   ⇒国事行為の他、私的行為や国の象徴としての地位に基く公的行為も行う。

1　天皇は、大赦を認証する。
2　天皇は、特赦を決定する。
3　天皇の国事行為には、内閣の助言と承認を必要とする。
4　天皇の国事行為の結果は、天皇が責任をとる。

解答　1　○　2　×　天皇は決定はしません。3　○　4　×　内閣が責任をとります。

013 皇室の財産

皇室ってお金持ちなのかな？

Q 皇室の財産ってどうなってるの？
A 皇室の財産にはいろいろな制限があります。

皇室財産

皇室財産とは、天皇の財産と皇族の財産をあわせたものをさします。明治憲法の時代には御料と呼ばれていました。今でも「御料牧場」や「御料車」という言葉を聞くことがありますね。

憲法第88条には、「すべて皇室財産は、国に属する」と規定されています。そして皇室と国民との間に行われる財産の授受には、憲法第8条による制約があります。

> 第8条 皇室に財産を譲り渡し、又は皇室が、財産を譲り受け、若しくは賜与することは、国会の議決に基かなければならない。

「賜与」とは、皇室が財産を譲与することですので、結果として「皇室は自由に財産を渡したり受け取ったりすることができない」ということになります。国会の議決が必要なのです。

これは、皇室との財産の授受が一部の国民との間にだけ行われて、特定の政治勢力が皇室を利用したりすることのないように、との趣旨です。

皇室費用

皇室費用とは、天皇や皇族の活動に要する経費をさします。国事行為などのような公的な活動だけでなく、私生活における生活費なども含まれます。

憲法第88条の後半に「すべて皇室の費用は、予算に計上して国会の議決を経なければならない。」と規定されています。憲法第8条の財産授受の制限と同様に、国会による統制がはかられています。

皇室費用の詳細は、皇室経済法という法律に規定されており、次の3つの種類に分かれています。

皇室費用①〜内廷費

天皇をはじめ、皇后、皇太子、皇太子妃、皇太孫といったいわゆる天皇一家の日常の生活費や交際費などに充てる費用を内廷費といいます。国庫から支出された後は「御手元金」とよばれ

る私有に属する金銭となり、公金ではなくなります。

皇室費用②～宮廷費

天皇や皇族が行う公的な活動費を宮廷費といいます。内廷費とは異なり、公金として宮内庁が経費管理します。

皇室費用③～皇族費

天皇一家ではない皇族のために支出される費用をさします。年額により毎年支出するもの、皇族が独立の生計を営む際の一時金、皇族がその身分を離れる際の一時金、の3種類があります。内廷費と同様、私有財産となり宮内庁が管理する公金とはなりません。

生活費まで国家から支出される皇族を羨ましいと思う方もいるかもしれませんね。ただ、皇族は生活に困ることはなくても、一般国民にはない様々な制約に縛られていることも事実です。

ちなみに一般国民が皇族になるチャンスは女性にだけあります。天皇または皇族男子との婚姻によって、皇族（皇室典範第15条）となる身分を取得することができますよ。

ポイント

① 皇室財産
　　⇒天皇と皇族の財産のこと。
② 皇室財産の授受
　　⇒国会の議決が必要。
③ 皇室費用
　　⇒天皇、皇族の活動に要する経費のこと。次の3種類がある。

内廷費	天皇一家の生活費や交際費
宮廷費	天皇や皇族の公的な活動費用
皇族費	天皇一家以外の皇族のための費用

④ 皇室費用の決定
　　⇒予算に計上して国会の議決によって決められている。

ミニテスト

1　天皇が財産を譲与する場合は、国会の議決が必要である。
2　天皇が財産を譲り受ける行為には、制約はない。
3　皇室の生活費を支出するには、国会の議決が必要である。

解答　1 ○　2 × 国会の議決が必要です。3 ○

014 平和主義〜戦争の放棄

平和主義も憲法のめざす基本原理です。

Q 日本の平和はどのように保たれているの？
A 憲法において、戦争の放棄、戦力不所持がうたわれています。

憲法前文における平和主義

先にも紹介したように、憲法前文には、平和主義の理念が規定されています。前文第2項では、「恒久の平和を念願し」として永久平和を願い、また「平和を愛する諸国民の公正と信義に信頼して、われらの安全と生存を保持しようと決意した。」と述べて国民の安全を確保しようという決意が語られています。さらに第3項にて、自国のことのみに限定することなく国際的な平和協調をも実現しようという決意が示されています。

そして前文で示された平和主義の決意が第9条によって具体化されています。

戦争の放棄

第9条第1項では、「（―略―）、国権の発動たる戦争と、武力による威嚇又は武力の行使は、国際紛争を解決する手段としては、永久にこれを放棄する。」としています。

「国権の発動たる戦争」とは宣戦布告によって戦意が表明されたうえで行われる国際法上の戦争を、「武力の行使」とは宣戦布告なしで行われる事実上の戦争をさし、「武力による威嚇」とは、武力を背景にして相手国に自国の主張を強要することです。即ち第9条では、戦争の原因となりうる威嚇も含めてあらゆる戦争行為を放棄するとしました。

ただ、この戦争放棄には「国際紛争を解決する手段としては」という条件がついているのです。国際紛争を解決する手段としての戦争は放棄するといっていますから、放棄されるべき戦争に種類があるのか、という疑問がでてきますね。そこで「国際紛争を解決する手段としての戦争」を侵略戦争に限定すると考える説（A説）と侵略戦争のみならず自衛のための戦争も含めると考える説（B説）があります。A説は、自衛戦争は放棄されないとなり、B説は自衛戦争も含めすべての戦争が放棄されるとなります。（ポイント図参照）前文にある永久平和主義の理想にかなうのはB説ですが、現実には他国からの不正な侵害になんらの防衛手段もとれないというのはナンセンスでしょう。

そこでA説の立場で第2項をみてみましょう。

戦力の不所持

第9条第2項では、戦力の不所持と国の交戦権の否認が規定されていますがここにも「前項の目的を達するため」という条件がついています。

A説の立場で考えれば、「侵略戦争を放棄するために戦力をもたない」となりますから、自衛戦争のための戦力はもてることになります。ただ、自衛のための戦力と侵略のための戦力とを区別することは実際には難しいとの問題点があります。そこでA説の立場で

も「前項の目的」とは侵略戦争放棄のため、といった個々の目的ではなく、第9条第1項全般〜国際平和の願いという広い目的〜をさすと考えて戦争の種類によらず一切の戦力を持たないという説（A−b説）もあります。即ち、侵略のための戦争は放棄するが自衛のための戦争までは放棄しない、但し一切の戦力保持はできないため結果的に自衛のための戦争も含めすべての戦争は禁止されるということです。自衛手段としては、戦力に至らない程度の武力行使にとどまると考えればわかりやすいでしょう。これが通説であり、政府見解といえます。

ポイント

第9条1項　国際紛争を解決する手段としての戦争を放棄する。
これを
A説は……侵略戦争と限定　と考えると　自衛戦争は放棄しない
B説は……侵略戦争・自衛戦争　と考えると　自衛戦争もふくめすべての戦争を放棄する
となります。

第9条2項　前項の目的を達するため、戦力は保持しない。
これを
A説は……侵略戦争放棄のため　と考えると　自衛のための戦力はもてる
A-b説は…国際平和のため　と考えると　一切の戦力はもたない
となります。

ミニテスト

1　憲法では自国の平和だけでなく、国際平和をも目的としている。
2　憲法では武力の行使だけではなく、武力による威嚇も、放棄されている。
3　憲法では戦争はいかなる理由であっても、放棄される。
4　憲法では自衛のための戦争は放棄されない。

解答　1 ○　2 ○
　　　　　3 × 憲法では「国際紛争を解決する手段としては」とされています。
　　　　　4 × 放棄されるとする説と放棄されないとする説があります。

015 平和主義〜自衛隊の存在

自衛隊の存在はどう考えるのだろう？

Q 自衛隊は憲法に違反しないの？

A 憲法第9条第2項でいう「戦力」の解釈によって変わってきます。

憲法第9条に複数の解釈があることは、先のテーマでおわかり頂けたと思います。同じように、自衛隊の存在もある説の立場にたてば違憲、別の説の立場にたてば合憲と解釈によって結論は異なります。絶対的な正解はありません。

例えば、テーマ014「平和主義〜戦争の放棄」でご紹介したA説「自衛戦争は放棄しない、そのための戦力はもてる」では、自衛隊は合憲と考えられますが、A−b説「一切の戦力をもたない」では、違憲となる可能性がでてきますね。この場合、憲法上の「戦力」が何をさすのかということが問題になってきます。

「戦力」の意味

一般的な見解は、戦力とは、「軍隊および有事の際に軍隊に転化できる程度の実力部隊」と解されています。「軍隊」とは、**外部の攻撃に対して実力をもって対抗し、自国を防衛する**ことを目的として設けられた組織体です。このように「戦力」を広く考えると、現在の自衛隊はその人員、装備を

考えるに、軍隊に転化できる組織即ち9条2項の「戦力」にあたるといえるでしょう。この考え方では、自衛隊は違憲ということになります。

しかし政府の解釈は、自衛のための必要最小限度の実力は、憲法上の「戦力」にはあたらないとして、自衛隊は合憲との見解を示しています。これは、自国を自衛する権利即ち「自衛権」まで、憲法で否定されてはいないとの考え方に基くものです。政府解釈である自衛隊合憲論の前提となる「自衛権」の概念について確認しておきましょう。

自 衛 権

自衛権とは、外国からの侵害に対して自国を防衛するための手段・行動を行使する権利で、自衛のための限度を超えないために次の要件が必要です。

① 防衛行動以外に手段がなく、やむをえないこと

② 外国からの侵害が**急迫・不正**で違法性があること

③ 防衛行動が侵害を排除するのに必要な限度であること（やりすぎてい

ないこと）

憲法にこうした自衛権を直接明示する規定はありませんが、これらを満たす自衛権は、独立国家であれば当然有する権利であり、認められていると考えていいでしょう。

政府解釈の立場にたてば、自衛隊の具体的な実体がこの自衛のための限度を超えているか否かによって、合憲か否かが判断されることになります。なお、政府解釈により、集団的自衛権が認められる場合が示されています。

自衛隊の変遷

自衛隊発足当時は、左記の政府解釈で合憲ということができたかもしれません。しかし、時代とともにその活動範囲は広がり、既に海外出動も行われています。それは、憲法前文が掲げる国際的な平和強調という理念には沿うものであっても、憲法第9条に違反しないか、（政府解釈の立場でも自衛のための限度を超えていないのか）という問題があることを認識しなければなりません。

ポイント

① 自衛隊の合憲性

　　⇒憲法第9条の解釈によって異なる。

第9条2項　前項の目的を達するため、戦力は保持しない。

A-b説は…国際平和のため　と考えると　一切の「戦力」はもたない。

自衛隊は違憲？？　「戦力」を広い意味で考えると違憲

「戦力」を狭い意味で考えると合憲　自衛隊は合憲？？

② 自衛権

　　⇒外国からの侵害に対して自国を防衛する手段・行動。自衛の限度を超えないことが必要。

ミニテスト

1　憲法上、自衛のための戦力は保持できると考えれば、自衛隊は合憲である。
2　憲法上の「戦力」の解釈は、自衛隊の合憲性と関係がある。
3　自衛権は、独立国家であれば当然に有する権利といえる。

解答　1 ○　2 ○　3 ○

016 第2編 天皇制・平和主義 の用語解説

第2編 天皇制・平和主義 における用語解説です。

Q 統治権って何?

A 国家の支配権のことです。

テーマ009

元首

一般には、国内外に対して、国を代表し行政権を掌握している国家機関。我が国では明治憲法下では、天皇が名実ともに元首の地位にありましたが、現憲法においては、元首の定義をどう考えるかによって考え方が異なり、元首を天皇とする説、内閣総理大臣とする説、存在しないとする説などがあります。

統治権

国家の支配権。明治憲法下では、天皇主権を基本原理として、天皇に国の統治権がありました。

国政

立法、行政、司法という国家作用をすべて包含した国の政治全般のこと。

摂政

天皇の法定の代理機関。天皇が未成年であったり、病気や事故などの場合におかれます。摂政をおくほどではない場合には、委任による臨時代行をおくこともできます。

テーマ010

皇統

天皇の血筋、血統。

テーマ011

国事

国政に対する概念で、政治に無関係の形式的、儀礼的な国の事務。

法律、政令、条約

法令の種類。法律は国会の議決で、政令は内閣の閣議決定で制定される国内法、条約は国家間において、内閣によって締結される合意のこと。

官報

国の法令やその他の公示事項を掲載する国の機関紙。全国紙で内容は全国統一です。法律、政令、条約など法令の公布、各省庁の人事異動、皇室事項などの他、会社の決算公告や国家試験合格者、破産者の掲示などもなされます。

国務大臣

内閣の構成員。内閣総理大臣とその他の大臣の両者を含んで使われる場合と、内閣総理大臣以外の大臣の呼称として使われることもあります。

官吏

本来は公法上の任命行為に基いて任命され、国家機関に勤務する者という明治憲法下における身分で、現憲法においてこの身分的観念は消滅しています。7条および73条の規定における官吏は主に国家公務員をさします。

大使

国や国際機関に派遣された外交使節の最上位の階級。正式には特命全権大使といいます。

公使

外交使節の第二階級。正式には特命全権公使といいます。

任免

任命及び罷免のこと。任命とは、ある人を一定の地位や職に就けること、罷免とはその地位、職を本人の意に反してやめさせることです。

テーマ012

大赦、特赦

いずれも恩赦の一種で、刑罰を消滅させる行為。大赦は政令で罪の種類を決めて、その罪で有罪となった者・その罪で裁かれようとしている者に対して行われ、特赦は有罪の言い渡しを受けた特定の者に対して行われます。

内閣の助言と承認

「事前の助言」と「事後の承認」と別の行為のようにみえますが、両者を一括して一つの行為として閣議は一度開けばよいとされています。

テーマ015

違憲

憲法の規定に違反すること。憲法違反のことです。

合憲

憲法に違反していないこと。憲法上にある「憲法に適合」は同じ意味です。

急迫・不正の侵害

急迫とは、事態が極めて切迫している状態であること、不正とは侵害行為が違法であること。刑法上は、急迫・不正な侵害に対しては正当防衛が認められます。

集団的自衛権

国際法上、自国と密接な関係にある外国に対する武力攻撃を、自国が直接攻撃されていないにもかかわらず、実力をもって阻止することが正当化される権利のことです。

第2編　天皇制・平和主義

33

017 人権の歴史

憲法の基本原理である人権についてみていきましょう。

Q 人権には、どんな歴史があるの？

A 時代の流れとともに、人権の内容は進化してきています。

人権の思想

人権の思想が歴史的に最も早く登場したのは、イギリスです。皆さんがおそらく学生時代に世界史で学んだマグナ・カルタ（1215年）は、歴史上の重要文書であると同時に、初期の人権思想を表明したものなのです。ただし、これで宣言された権利は、貴族の特権擁護を目的として王に貴族の諸権利を確認させたという封建的なものでした。

17世紀に入り、思想家ロックが「人間は生まれながらにして自由且つ平等であり、生来の権利をもっている」という考え方を示しました。これは、人権が「人が生まれながらに有する権利」即ち自然権であるという発想を基礎にして広く国民の権利を保障し、また「その権利や自由を保障するために国家がある〜人権は国家に先立って存在する」という画期的なものでした。これが近代憲法における人権の基礎となっています。このような思想を背景に、その後、アメリカ諸州憲法における人権宣言やフランス人権宣言が生み出されました。

人権の拡大〜社会権

これらの人権宣言は、人は国家から何ら自由の侵害を受けないという「国家権力からの自由」すなわち、自由権を中心とするものでした。自由権には人身の自由、表現の自由、財産権の不可侵などがありますが、なかでも財産の私的保有や契約の自由など経済生活における自由権が重要視されました。それらは資本主義経済を発展させる一方で、貧困、失業など社会的弱者を生む原因ともなりました。そこで、20世紀以降の人権宣言は、社会国家の理念に基づく新しい形態の人権がとりいれられていったのです。社会保障を受ける権利、労働者の権利などの社会権です。自由権が「国家からの自由」と呼ばれるのに対して、社会権は国家に対して必要な条件を要求して得る権利として「国家による自由」と呼ばれます。

人権の国際化

人権思想の発展に伴い、人権を単に国内法によって保障するだけでなく、国際的な場でも実現しようという動き

が目立ってきます。とくに第二次世界大戦後は、国際平和への動きとともに人権の国際的保障の試みが活発になりました。その先駆けとなったのが1948年国際連合で採択された「世界人権宣言」です。ただ、これは人権の保護について共通の基準を定めていますが、法的拘束力をもっていませんでした。そこでその後、加盟国を直接に拘束する「国際人権規約」が採択されたほか、様々な条約も締結され人権保障の国際化に成果をあげるに至っています。

明治憲法における人権保障

日本においても、近代憲法として人権宣言の必要を認め、明治憲法の第二章には「臣民権利義務」がおかれました。臣民とは、国民と同義で明治憲法における用語ですから、現憲法の第二章「国民の権利及び義務」と同趣旨の規定です。ただ、明治憲法では、人権は「憲法により上から与えられた」という立場にたつのに対し、現憲法では「人間が生まれながらに当然にもっている不可侵の権利」とされています。また、現憲法においてはより広く人権の範囲を保障しているなど、時代の流れとともに人権保障は成長してきているといえます。

ポイント

① 自然権
⇒人が生まれながらに有する権利。近代憲法における人権の基礎となっている。

② 自由権
⇒人は国家から自由の侵害を受けないとする権利。「国家からの自由」と呼ばれている。

③ 社会権
⇒社会保障、労働者の権利など、人が国家に対して必要な条件を要求する権利。「国家による自由」と呼ばれている。

④ 人権の拡大
⇒人権は自由権から社会権を含むようになり、国内的保障から国際的保障へと時代とともに進化している。

ミニテスト

1　自然権は、人が生まれながらに有する権利である。
2　自由権とは、人が国家に対して要求する権利である。
3　社会権は、その性質上「国家による自由」と呼ばれている。

解答　1 ○　2 × 国家に対して要求する権利とは、社会権のことです。3 ○

018 人権の特質

人権には、特筆すべき性質があります。

Q 人権には、どんな性質があるの?

A 人権は、固有性・不可侵性・普遍性という特徴をもっています。

　基本的人権の本質をあらわす条文をみてみましょう。

> 第11条　国民は、すべての基本的人権の享有を妨げられない。この憲法が国民に保障する基本的人権は、侵すことのできない永久の権利として、現在及び将来の国民に与へられる。

　ここには、人権の特質ともいうべき3つの性質「固有性」「不可侵性」「普遍性」があらわれています。

人権の固有性

　人権が国家や憲法などによって与えられたものではなく、**人間であることにより当然に有する権利**であることを、人間固有の権利であるとして「**人権の固有性**」と呼びます。これは、憲法第11条「（―略―）基本的人権は（―略―）現在及び将来の国民に与へられる」とされていることからもわかります。条文で具体的に「**何によって**」与えられるかが明示されていないのは、誰かによって与えられるものではなく人間が生まれながらに有するも

のだ、ということを意味しているからです。

　人権の固有性は、人権が人間の価値そのものに由来するものであることを示し、同時に人権が前国家的・前憲法的権利（国家や憲法以前に存在する権利）であることを示しています。

人権の不可侵性

　第11条はまた、「（―略―）基本的人権は（―略―）侵すことのできない永久の権利」と規定しており、「**人権の不可侵性**」を規定しています。これは、人権は公権力によって侵されることのない権利であるということです。

　人間の権利や自由は、主に国家によって多く侵害されてきたという歴史的事実を繰り返さないために、不可侵性は人権の重要な特質です。

　ただし、人権の不可侵性は、人権が絶対的に制限がないといっているわけではありません。近代的な人権宣言の先駆けとなったフランス人権宣言でも「自由は、**他人を害しない**すべてのことをなし得ることに存する」と定めたように、人権にも一定の限界がありま

す。日本国憲法において、人権にどのような限界、制約があるか、テーマ021「人権の制約」にて後述します。

人権の普遍性

　人権は、人種、性別、身分などによって区別されることなく、人間であれば当然に認められる権利です。これを「人権の普遍性」といいます。これは憲法第11条「国民は、すべての基本的人権の享有を妨げられない（―略―）」に示されています。

　ここでいう「国民」の要件は、憲法第10条に「日本国民たる要件は、法律でこれを定める。」とされ、国籍法という法律が規定しています。国籍法によれば、日本国民たる国籍は、原則として血統主義が採用され出生の時に父又は母が日本国民であるときに取得できます。また外国人であっても、法務大臣の許可を得て帰化することによって日本国籍を取得できる場合もあります。

　条文を素直に読むと、日本国籍を取得している一般国民にのみに人権が認められるように思えますが、「人権の普遍性」という性質を考えれば、いかなる者でも人権が認められるはずです。そこで、例えば天皇や日本国籍をもたない外国人、法人などに人権が認められるのか、という疑問がでてきますね。これについては、テーマ019「人権の享有主体」にて後述します。

＊＊＊＊＊＊＊＊＊＊＊＊＊＊＊＊＊

　このように人権には、「固有性」「不可侵性」「普遍性」という特筆すべき性質があります。

ポイント

① 人権の固有性
　　⇒人間であることにより当然に有する権利であること
② 人権の不可侵性
　　⇒人権は公権力によって侵されることのない権利であること
③ 人権の普遍性
　　⇒人種、性別、身分などによって区別されることなく、人間であれば当然に認められる権利であること

ミニテスト

1　人権は、国家によって与えられた権利である。
2　人権は、公権力によって侵されない性質をもっている。
3　人権は、性別や身分によって区別されるものではない。

解答　1 × 何かに与えられるものではなく、人間であることにより当然に有する権利です。　2 ○　3 ○

019 人権の享有主体

「人権」を享有する「主体」の範囲がテーマです。

> **Q** 人権は、誰のもの？
> **A** 私達一般国民の他にも人権をもてると考えられる存在があります。

人権の享有主体の問題

享有とは、「生まれながらにして身につけてもっていること」です。人権を享有できるのは、誰（何）でしょう。憲法第11条によれば、一般国民に限定されるようにみえますが、先のテーマでご紹介したとおり、人権の普遍性という性質からは、原則としていかなる者も人権を享有できるはずと考えられます。そこで私達一般国民以外にいかなる者が人権を享有するか、具体的に考えてみましょう。

天皇・皇族

天皇、皇族も日本国籍を有する国民であり基本的な人権を享有することは肯定されています。ただ、その地位の特殊性から、私達一般国民とすべて同じ人権をもつとはいえません。たとえば、天皇は「国政に関する権能を有しない（憲法第4条第1項）」とされていますから、選挙権・被選挙権は認められないと解されています。皇族も法律上の根拠はありませんが、同様に選挙権・被選挙権を行使していません。その他に、「皇族男子の婚姻に皇室会議の議を経る（皇室典範第10条）」とされていることから婚姻の自由に制約がありますし、先のテーマ 013 「皇室の財産」で述べたとおり財産権にも一定の制約があります。このように、天皇や皇族の人権には一定の制約があります。

外国人

ここでは外国人とは、日本に在住しながら日本国籍をもたない者をさします。（日本国籍をもつ者は、一般国民に含まれます）

人権の普遍性という性質と憲法が国際協調主義をめざしていることから、外国人にも人権の享有主体性を認めるというのが一般的な考え方ですが、日本国民同様すべての人権が認められるわけではありません。憲法の保障する権利の性質により、外国人に認められるものと認められないものを区別するという説（性質説）に基いて考えてみましょう。

外国人に認められない人権として代表的なものが、選挙権・被選挙権・公務員になる権利などの参政権です。参

政権は、国民が自分の国の政治に参加する権利ですから、その性質上、当該国家の国民にのみ与えられると考えるのが妥当でしょう。ただ、そのレベルに応じて外国人にも認めることは可能です。選挙権については、国政レベル（国会議員など）は認められていませんが、地方レベルでの選挙権を認める余地があるとする判例（最判平7.2.28）があります。公務員になる権利でも、公務員をその役割、業務の内容によって区別し必ずしもすべての公務員に外国人が就任できないわけではないとした判例（東京高判平9.11.26）があります。

　他に国家の存在を前提とする社会権は外国人に認められないと従来は考えられてきましたが、近年では日本国民と同一の負担をしている外国人にも認められるという説も有力です。

法　人

　人権は、「人が生まれながらに有する権利」ですから、本来はその主体は自然人に限られますが、現代社会において法人が社会的実体として重要な存在となっていることから、性質上可能な限り、法人にも適用されると考えられています。法人に保障される人権は、経済的自由、刑事手続上の権利などですが、個人の自由と対立する場合にはその保障の程度は低く、自然人よりも強い制約を受けるといえます。

ポイント

① 人権の享有主体
　　⇒人権をもつ者、その利益を享受できるもの。
② 天皇・皇族
　　⇒人権享有主体となりえるが、一定の制約がある。
③ 外国人
　　⇒人権享有主体となりえるが、人権の性質上認められないものも多い。
④ 法人
　　⇒自然人ではなくても、人権の性質上可能な限り、享有主体となりうる。

ミニテスト

1　天皇は、一般国民と同様すべての人権の享有主体となりえる。
2　外国人でも、その役割や業務内容によっては公務員となりえる余地がある。
3　人権は個人の権利であるから、法人には認められない。

解答　1　×　天皇の人権には様々な制約があります。2　○
　　　　　3　×　性質上認められるものもあります。

020 人権の適用範囲

人権は本来は人と国家の間のものでしたが…

Q 企業によって個人の人権が侵害された場合、憲法によって保護されるの？

A 憲法の人権規定が個人と企業間において適用されるかどうかには、複数の説があります。

憲法の私人間効力

　人権は、自由権が「国家からの自由」社会権が「国家による自由」などと呼ばれるように、もともとは人（私人）と国家（公権力）との関係における概念でした。ところが資本主義の発展に伴い、社会に企業や労働組合、経済団体など巨大な力をもった私的団体が生まれ、私人の間でも力関係が生じるようになりました。例えば、会社と社員、学校と学生などです。私人対私人とはいえ、支配関係によって弱者となる個人が組織によって人権を侵害されるとなれば何らかの対処が必要です。そこで、「私人である企業等の私的団体」と「私人である個人」との間に、憲法の人権規定が適用されるのかという点が問題になりました。

　この問題を「憲法の私人間効力の問題」と呼びます。そしてこれを解決する説として、3つの学説があげられます。

学説① 無効力説

　無効力説は、憲法の人権規定は、私人間には適用されないとする説です。これは、人と国家との間の公法関係と、私人と私人との間の私法関係は基本原理が異なるという考え方に基いています。考え方としてはありえますが、これでは、先に掲げたような問題を解決することができません。

学説② 直接適用説

　憲法の人権規定を私人間に直接適用するという説です。つまり、私人対私人のトラブルも憲法の人権規定によって解決していきます。憲法をより広い意味でとらえ、社会生活のあらゆる事態に対応させようと考えていますが、人権規定による制約が大きくなるため、当事者の合意、契約の自由が尊重されるとする私的自治の原則を害する危険性があります。

学説③ 間接適用説

　憲法の人権規定を直接適用するのではなく、他の法律の解釈に憲法の人権

規定の趣旨をとりこんで運用することによって、間接的に私人間行為を規制しようとする説です。無効力説よりは私人間の人権は保護されますが、直接効力説よりは保護が薄くなるといえます。

▌ 判例の立場→間接適用説 ▌

判例は、間接適用説の立場にたったものが多くあります。代表的な例としては、ある自動車会社での定年制についての問題です。就業規則で男性60歳、女性55歳の定年制が、人権侵害であるとして争われた事件です。判決は、この差別が女性であることのみを理由とした不合理なもので民法第90条の公序良俗違反の規定により、無効で

あるとしました。（最判昭56.3.24）民法という憲法以外の法律の解釈によって問題を解決した間接適用説の立場をとっています。間接適用説の場合は無効力説や直接適用説のように極端な基準ではなく、問題となった関係の性質の違いに応じて判断されるようになります。ですから同じように間接適用説の立場にたった組織の差別による判例でも、人権侵害となったものもあればならなかったものもあります。それは、その差別（区別といった方がいいかもしれません）が、組織の目的や活動内容から合理的なものである場合には肯定される傾向にあり、その判断は各々の事件の背景によって異なります。

ポイント

① 憲法の私人間効力の問題
　　⇒本来は、私人と公権力との関係における概念である人権を、私人と私人との関係における効力について考えること。
② 無効力説
　　⇒憲法の人権規定は私人間には適用されないとする説
③ 直接適用説
　　⇒憲法の人権規定は私人間に直接適用されるとする説
④ 間接適用説
　　⇒憲法の人権規定は、民法など他の法律の解釈を通じて間接的に適用されるとする説。判例はこの立場にたつものが多い。

ミニテスト

1　無効力説の立場にたてば、憲法の人権規定は私人間に適用されない。
2　直接適用説の立場では、一般社会における私的自治を害するおそれがある。

解答　1 ○　2 ○

021 人権の制約

人権は重要な権利ですが、無制限な権利ではありません。

Q 人権には、制約があるの？
A 「公共の福祉」による制約を受けます。

　ここまでのテーマで人権が、人間にとって重要で不可欠な権利であることは、おわかり頂けたと思います。ただし人権は絶対的で無制限なものではありません。現代社会において生活する各個人、活動している各法人などが人権を享有している以上、それらが衝突することも当然ありえます。例えば、Aさんは音楽を聴きたいという自由をもっていますが、隣に住むBさんは静かに過ごしたいという自由をもっていた場合、Aさんが大音量で音楽を聴いたらお互いの自由は衝突することになりますね。こうした問題を解決するために、人権には一定の制約が必要になるのです。

公共の福祉

　憲法は、人権に一定の制約を加える根拠として、「公共の福祉」の規定をおいています。「公共の福祉」とは、個々の個別利益を制約する機能をもつ

公共的利益、社会的利益のことです。先の例でAさんの音楽を聴きたいという個別利益は、Bさんの（Bさんに限らず世間一般に）静かに過ごしたいという公共的利益によって制約を受けるということです。常識的に考えれば至極当然のことですね。

　憲法で「公共の福祉」を規定しているのは以下の4ケ条です。

> **第12条** 国民は、（―略―）常に公共の福祉のためにこれ（憲法が国民に保障する自由及び権利）を利用する責任を負ふ。
> **第13条** （―略―）生命、自由及び幸福追求に対する国民の権利については、公共の福祉に反しない限り、（―略―）最大の尊重を必要とする。
> **第22条第1項** 何人も、公共の福祉に反しない限り、居住、移転及び職業選択の自由を有する。
> **第29条第2項** 財産権の内容は、公共の福祉に適合するやうに、法律でこれを定める。

　12条と13条が、かなり広い意味での

人権全般をさしているのに対して、22条、29条は個別具体的な人権をさしているので、憲法の解釈上、実際に「公共の福祉」によってどこまで制約を受けるのかについて複数の説があります。

ただ、たとえ憲法の解釈上は公共の福祉による制約を受けない人権があったとしても、そもそも人権には憲法規定にかかわらず内在的に制約が存在すると考えられていますので絶対無制限の人権ということはありません。

比較衡量論

「公共の福祉」によって人権は制約されるということはわかりましたが、その基準は非常に抽象的です。実際に事件が起きた場合に、どうやって判断するのでしょうか？　そこで注目されるのが、「比較衡量論」という違憲審査基準のひとつにもされている理論です。これは、人権を「制約することによってもたされる利益」と「制限しない場合に維持される利益」を比較して前者の利益の価値が高い場合には、制約することができるという考え方です。先の例では、前者がAさんの近所が静かに平和に暮らせるという利益、後者がAさんの音楽趣味を満足させる利益です。前者の利益が優先されるべきですよね。

もっとも実際の事件は、こんなに単純な話ではなく、個々の事件における具体的状況を踏まえて対立する利益の比較検討を裁判所が行うことになります。

ポイント

① 人権の制約
　　⇒憲法上、人権も「公共の福祉」によって制約を受ける。
② 公共の福祉
　　⇒個別の利益を制約する機能をもつ公共的利益、社会的利益のこと。憲法では、公共の福祉によって制約を受ける人権を次のように定めている。

第12条	憲法が国民に保障する自由、権利
第13条	生命、自由、幸福追求権
第22条1項	居住、移転、職業選択の自由
第29条2項	財産権

ミニテスト

1　人権は、重要で不可欠な権利であるから何にも制約を受けることはない。
2　憲法上、居住、移転の自由は公共の福祉により制約を受ける。

解答　1　×　公共の福祉による制約を受けます。2　○

022 生命・自由・幸福追求権

とても幅広い権利という感じがしますね…

Q 憲法第13条の生命・自由・幸福追求権ってどんな権利なの？

A 13条の規定は人権の総則的規定であり、新しい人権の根拠でもあります。

人権の総則的規定

憲法第13条はまず「すべて国民は、個人として尊重される。」として憲法制定の大きな目的である個人の尊厳の原理を確認して個人主義を表明しています。つづいて後段で「生命、自由及び幸福追求に対する国民の権利については、（―略―）国政の上で、最大の尊重を必要とする。」として個人主義が国政の基本原則であると宣言しています。14条以下の具体的な人権規定に比べて非常に抽象的であり、人権一般の目的、性質を宣言した総則的な規定であるといえます。

新しい人権の根拠としての13条

生命、自由及び幸福追求に対する国民の権利（以下、幸福追求権という）は、当初は14条以下に規定された個別の人権を総称したものと解されてきました。ところが、社会や経済の変化により、現行の憲法が規定していない権利を人権として認める必要が生じました。そこで、この抽象的な「幸福追求権」を、憲法に規定されていない新しい人権の根拠となる包括的な権利とす

る見解が登場しました。

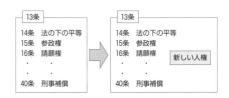

これは、14条以下の個別的な人権は、これまでの歴史において確立してきた既存の人権を例示したカタログに過ぎない為、時代に応じて新しい人権が要請される以上、それらを保障する規定として13条の「幸福追求権」を意義づける必要があるとの考えに基いています。

新しい人権には、プライバシー権、環境権、日照権、眺望権、嫌煙権など様々なものがありますが、すべてが13条の「幸福追求権」として認められるわけではありません。学説の中には、上記を含めたあらゆる生活領域における行為の自由が13条によって保障されるという考え方もありますが（一般的自由説）それでは、人権があふれかえってしまい既存の人権の価値が下がるという人権のインフレ化を招くとして批判があります。そこで新しい人権

は、「個人の人格的生存に不可欠な権利に限られる」とある程度限定する説（人格的利益説）が有力です。

実際に裁判で争われた新しい人権の事例を紹介しておきましょう。

プライバシー権

プライバシー権が、最初に裁判で認められたのは、「宴のあと」事件の下級審判決（東京地判昭39.9.28）です。三島由紀夫の小説「宴のあと」のモデルとされた原告が、小説の中で本人とわかるような私生活を暴露されプライバシー権を侵害された、として争われました。一審判決では、プライバシー権を「私生活をみだりに公開されないという権利」と定義し、個人の尊厳を保ち幸福を追求するために不可欠なものであるして、憲法に基礎づけられた権利であると認めました。尚、事件はその後、和解されました。

その後プライバシー権は、「私生活を公開されない」という消極的なものから、「自己の情報をコントロールする」という積極的なものに拡張していきます。世間一般に公表されなくても、現代の情報化社会において自分の情報がどのように使われるのかコントロールする権利、という点が重視されています。この考え方に基く判例として、区長が弁護士の照会に応じて、原告の前科を報告したことが公権力の違法な行使とされた事件があります。（最判昭56.4.14）

第3編 国民の権利及び義務

ポイント

① 人権の総則的規定
⇒13条は、個人の尊厳の重要性を掲げ、「個人の権利が国政において最も尊重されるべき」という人権の総則的規定となっている。

② 新しい人権
⇒憲法で規定されていない人権（自由）も、新しい人権として13条の幸福追求権を根拠に認められるとする考え方がある。

③ プライバシー権
⇒新しい人権のひとつ。当初は「私生活をみだりに公開されない権利」という消極的なものであったが、次第に「自己の情報をコントロールする権利」という積極的なものと考えられるようになった。

ミニテスト

1　憲法第13条は、国民の幸福追求権が国政上可能な限り尊重されるとしている。
2　憲法で規定されていない人権も、13条の幸福追求権を根拠に認められる場合がある。

解答　1 × 最大限尊重されます。2 ○

023 法の下の平等

「天は人の上に人をつくらず…」ってありましたね。

> **Q** 人はすべて平等な筈なのに、人によって生活レベルが違うのは不平等じゃないの？
>
> **A** 憲法第14条の平等は、「すべてが同じ」ということではありません。

平等の意味

憲法第14条1項は、「すべて国民は法の下に平等であって」から始まり、自由権とともに人権の重要原則である平等の理念を掲げています。「平等」とは一様に等しく差別がないことです。しかし、憲法で規定される「平等」とは、すべての人間が完全に同一に処遇される（絶対的平等）ということではありません。人間に個体的な差異がある以上、均等に扱われないこともあるのは、自然なことです。例えば、産休は女性にしか与えられませんが、男性に産休が与えられないことが不平等だ！　と怒る人はいないでしょう。男性は出産することはないのですから。これは差別ではなく、男女間の合理的な区別です。女性であれば誰でも等しく産休は与えられるべきだが、男性は与えられずとも不合理とはいえない、つまり「同一の条件のもとでは同じように、異なる条件のもとではその相違の限度において異なる扱いもありうる」という相対的な平等が14条で意味するものといえます。

20歳未満の者の喫煙禁止、所得に応じて税率に差異を設ける（高額所得者ほど税率は高い）累進課税制度などは、人の異なる条件の限度内における合理的な区別として、14条の示す平等に反しているとはいえません。

1項後段に「人種、信条、性別、社会的身分又は門地により、（一略一）差別されない。」（門地とは家柄のことです。）とありますが、これも禁止されるのは、その違いの限度を超えた不合理な差別です。例えば同じ会社に入社し同じ部署で同じ仕事をしている男女が、性別により給与基準が異なるとすればそれは不合理な差別で禁止されるべき行為ですよね。前の例と比べてみてください。

「法の下に」平等の意味

「法の下に」平等であるとは、条文をそのまま解釈すれば、すべての人に平等に法が適用されるべき、という「法適用の平等」をさしているようにとれます。即ち、法を執行し適用する立場にある行政や司法が国民を差別し

てはならないということです。これは当然のことですが、「法の下の平等」にはそれだけではなく、そもそも法の内容も平等につくられるべきだという「法内容の平等」も含まれると考えられています。いかに法を平等に適用しても、その法自体が不平等なものであっては困るからです。法律が不平等なんてあるの？　と思われるかもしれませんが、あるのです。制定時の趣旨が時代の変化にあわなくなっていくということもあります。裁判所によって法律の違憲審査が認められているのは「法内容の平等」のあらわれといえます。実際に法律が憲法違反とされた事件があります。非嫡出子相続分規定違憲判決（最決平25.9.4）です。嫡出でない子の相続分を嫡出子の相続分の2分の1とする民法900条4号ただし書の規定は憲法14条1項に違反し無効であるとされ、この条文は平成25年に削除されました。

貴族の禁止と栄典

14条2項では、貴族のような封建的な世襲の特権を廃止するとともに、3項は栄典の授与がいかなる特権を伴わず、また世襲されず一代限りのものと強調して第1項の法の下の平等を徹底させました。

ポイント

① 絶対的平等
　　⇒すべての人間が完全に同一に処遇されること。
② 相対的平等
　　⇒同一の条件のもとでは同じように、異なる条件のもとではその相違の限度において異なる扱いもあると考えること。憲法14条は、相対的平等をさす。
③ 差別の禁止
　　⇒14条のもとでは、不合理な差別が禁止される。
④ 法の下の平等
　　⇒「法適用の平等」と「法内容の平等」の両方の意味がある。

ミニテスト

1　14条の平等の理念は、すべての差別を禁止するものである。
2　14条の平等の理念は、不合理な差別を禁止するものである。
3　未成年者の喫煙禁止規定は、14条の平等原則に反する。
4　14条の法の下の平等とは、法律の内容そのものも平等でなくてはならないという意味も含まれている。

解答　1 ×　2 ○　3×合理的な区別であり、反するとはいえません。4 ○

024 人権の分類

ここからはより詳細な人権規定をみていきましょう。

> **Q** 憲法第3章には、いろいろな権利があって整理できない…
> **A** 人権は、その性質によって分類することができます。

憲法第3章の15条以降は、個別具体的な権利（義務も少しあります）の規定が26ケ条あります。条文の順番どおりでは少々わかりづらいので、同じ性質の人権をまとめて分類してから、みていくことにします。注意して頂きたいのは、以下に記した人権の分類は絶対的なものではないということです。人権の分類体系には、他にもいろいろな解釈があります。

人権の分類

まずは大きく「自由権」「社会権」「参政権」「国務請求権」に分類してみます。既に登場してきたものもありますが、ひとつひとつの特徴を確認しておきましょう。

自由権

国家が個人の領域に対して権力的に介入、干渉することを排除して個人の自由な意思決定と活動を保障する人権で「**国家からの自由**」とも呼ばれます。自由権は、国家によって与えられるものではなく、国家以前に存在する権利と考えられています。憲法におけ

る自由権は、さらに精神的な面にかかわる自由（精神的自由権）、経済生活や財産にかかわる自由（経済的自由権）、身体を拘束されない自由（人身の自由）に分類できます。

社会権

社会的・経済的弱者を救済するための人権で、個人の生存、生活の維持・発展に必要な諸条件を確保するよう国家に要求する権利です。社会権は国家によって実現される権利ですから「**国家による自由**」とも呼ばれます。

参政権

国民が政治に参加する権利で、「**国家への自由**」と呼ばれます。選挙権、被選挙権が代表的な権利です。

国務請求権（受益権）

上記のような様々な人権を確保するために、国民が国家に対し積極的に権利保護を要求する権利です。受益権とも呼ばれます。国家へ一定の行為を要求するという点は社会権と同じです。

右にこれらの人権の分類に対応する

憲法の条文を整理してみます。

【憲法における人権の分類体系】

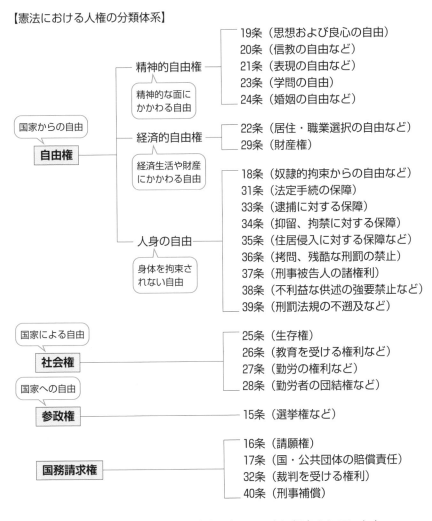

精神的自由権
精神的な面にかかわる自由
- 19条（思想および良心の自由）
- 20条（信教の自由など）
- 21条（表現の自由など）
- 23条（学問の自由）
- 24条（婚姻の自由など）

国家からの自由
自由権

経済的自由権
経済生活や財産にかかわる自由
- 22条（居住・職業選択の自由など）
- 29条（財産権）

人身の自由
身体を拘束されない自由
- 18条（奴隷的拘束からの自由など）
- 31条（法定手続の保障）
- 33条（逮捕に対する保障）
- 34条（抑留、拘禁に対する保障）
- 35条（住居侵入に対する保障など）
- 36条（拷問、残酷な刑罰の禁止）
- 37条（刑事被告人の諸権利）
- 38条（不利益な供述の強要禁止など）
- 39条（刑罰法規の不遡及など）

国家による自由
社会権
- 25条（生存権）
- 26条（教育を受ける権利など）
- 27条（勤労の権利など）
- 28条（勤労者の団結権など）

国家への自由
参政権
- 15条（選挙権など）

国務請求権
- 16条（請願権）
- 17条（国・公共団体の賠償責任）
- 32条（裁判を受ける権利）
- 40条（刑事補償）

以上は国民の権利です。国民の義務は次の3ヶ条に規定されています。

- 26条（教育を受けさせる義務）
- 27条（勤労の義務）
- 30条（納税の義務）

以下のテーマ 025 〜 045 は、上記の分類に従って記述していきます。

025 思想・良心の自由

どんな思想をもってもいいのかな？

Q 憲法の原理を否定するような思想も自由といえるのか？

A 思想が内心にとどまる限りは、何の制約も受けません。

精神的自由の大別

　精神的な面にかかわる自由、精神的自由権は、主に人の心の中にとどまる**内面的な自由**と外部への表明などの**外面的な自由**に分けられます。内面的な自由は制約なく絶対的に保障され、外面的な自由は表現や活動などを伴うものですから他の人権とぶつかることもあり、制約を受けやすいという特徴があります。本テーマ以降の精神的自由権にあたる人権がいずれの性質をもつか意識しながらみていきましょう。

思想・良心の自由

　19条の規定する思想・良心の自由とは、どのような思想、信条をもつかは個人の自由であるという、**内面的な自由**にあたります。諸外国の憲法では、信仰の自由や表現の自由の規定はあっても、とくに思想の自由を明示する規定はほとんどありません。それは、規定するまでもなく内心の自由が絶対的なものと考えられていたこと、表現の自由を保障すれば十分であると考えられていたからです。しかし、我が国においては江戸時代の踏み絵や明治時代

の治安維持法による弾圧など、反国家的とされた特定の思想の禁止が実際に行われてきました。そこで本条は、内心の自由を絶対的に保障するという趣旨で精神的自由権の冒頭に規定されました。

思想・良心の意味

　良心は、思想のうち倫理性の強いものを意味するとの解釈もありますが、判例・通説では、思想と良心を特に区別する必要がないとされていますので、一体のものと考えていいでしょう。思想・良心の意味としては「内心におけるものの見方、考え方」とする広い解釈（内心説）と「世界観、人生観、主義、主張といった個人の人格に関わる内面精神作用」とする限定的な解釈（信条説）とがあります。内心説の方が保障の範囲が広くなりますが、判例は信条説の立場をとっています。（最判昭31.7.4）

保障の意味

　19条では、このような思想・良心の自由を「侵してはならない」としています。これは次のような2つの保障を

意味しています。

第一に、**内心の自由の絶対的保障**です。人の思想が内心にとどまる限り他の利益とぶつかることはありませんから、その自由は絶対的に保障されます。国家は個人の思想に不利益を与えたり、特定の思想を強制することもできません。たとえ反民主主義のような危険思想であっても、**内心にとどまる限りは何の制約も受けません**。もっとも超能力者でもない限り人が何を考えているかはわかりませんから、実際にはその思想に基いて行われる活動や意思表明などへの制約が問題になります。

第二に、内心を表明することを強制されない、**沈黙の自由**も保障しています。国家は、踏み絵のような個人の思想調査をすることは許されません。

思想・良心の自由についての判例

思想・良心の自由の侵害が争われた事件としては、謝罪広告強制事件（最判昭31.7.4）が有名です。衆議院議員選挙活動における名誉毀損を訴えられ、裁判所より新聞に謝罪広告を出すことを命ぜられた被告が、内心と異なる謝罪を強制されることは思想・良心の自由の侵害であるとして上告した事件です。最高裁は、信条説の立場にたち、謝罪広告は単に事態の真相を告白し陳謝するにとどまる程度のもので、被告の人格形成に関わる面までを変えさせるものではないとして違憲とはされませんでした。

ポイント

① 精神的自由権
　　⇒精神的な面にかかわる自由。内面的な自由と外面的な自由に大別される。
② 思想・良心の自由
　　⇒憲法第19条の規定する、内面的な精神的自由権。
③ 思想・良心の意味
　　⇒判例上は、個人の人格形成に関わる内面的精神作用と考えられている。
④ 思想・良心の保障
　　⇒「内心の自由の絶対的保障」と「沈黙の自由」を保障している。

ミニテスト

1　精神的自由権のなかでも、外面的な自由は内面的な自由に比べて制約を受けやすい。
2　憲法には、思想の自由の保障が規定されている。
3　「思想・良心の自由」の意味の解釈によって、その保障の範囲は異なる。
4　反民主主義のような危険思想をもつことは、憲法違反である。

解答　1 ○　2 ○　3 ○　4 × 内心にとどまる限りは制約を受けません。

026 信教の自由

あまりピン！　とこないかもしれませんが…

Q 信教の自由といわれても、私は特定の宗教を信仰していませんが？
A 信仰をもたない自由も「信教の自由」の一種です。

　信教とは、宗教、信仰などと同じ意味です。現在の我が国では、特定宗教の信仰を持たない人が多いですから、この自由にあまり恩恵を受ける気がしないかもしれませんが、過去においては明治憲法のもとで神社が国教的地位をもち、他の宗教が冷遇されたという歴史がありました。そのため、憲法第20条は、個人の信教の自由を厚く保障し詳しい規定をおいています。

信仰の自由

　20条1項前段は、「信教の自由は、何人に対してもこれを保障する」と規定しています。この信教の自由は、個人が特定の宗教を信仰する自由、特定の宗教を信仰しない自由、信仰する宗教を選択したり変更したりする自由などの「信仰の自由」を主に意味しています。これは個人の内心における自由ですから、内面的な自由として「思想・良心の自由」と同様、絶対的に保障され何ら制約を受けません。また、「沈黙の自由」も保障されていますから、信仰について表明を強制されることもありません。どんな宗教を信仰し

ようとも、内面にとどまる限りは自由です。

宗教的行為・結社の自由

　信教の自由のもうひとつの側面は、外部的な宗教活動の自由です。宗教上の礼拝、祈祷などの行為、祝典、儀式の実施・参加などの「宗教的行為の自由」や信仰を同じくする者が複数集まって、宗教団体として活動する「宗教的結社の自由」などがこれにあたります。20条2項は、「何人も、宗教上の行為、祝典、儀式又は行事に参加することを強制されない。」として宗教的行為の自由の反面として、参加を強制されない自由も含まれることを強調しています。

　これらは外面的な自由ですから、「信仰の自由」とは違い制約を受けることがあります。例えば、宗教法人法81条は法令に違反して、著しく公共の福祉を害すると認められる行為をした宗教法人は、裁判所によって解散命令が出される旨、規定があります。この規定の合憲性が争われた事件がオウム真理教解散事件です。毒ガスサリン事

件を引き起こしたオウム真理教という宗教法人に対する解散命令に対し、同法人は、解散命令が信教の自由を侵害するものとして争いました。最高裁は解散命令が単に法人格を奪うもので結社そのものの解散ではなく、信教の自由の侵害にはあたらないと判示しました。（最決平8.1.30）

政教分離の原則

20条1項後段及び3項は、国家（政治）と宗教の分離、いわゆる政教分離の原則を規定しています。これは特定の宗教を国教とされ、他の宗教を弾圧されたという過去を繰り返さないよう、信教の自由を確保するために規定されたものです。したがって、国教を定めることはもちろん許されず、いかなる宗教団体も国から特権を受けたり、政治上の権力を行使することはできず（1項後段）、国が宗教的活動をすることも禁じています。（3項）

もっとも、国家と宗教のかかわりを一切排除することは現実的ではありません。例えば特定宗教と関連のある私立学校への補助金交付を、政教分離から行わないというわけにはいきません。それでは平等原則に反することになります。政教分離の目的は、「信教の自由の確保」ですから、これに支障がない限りはこうしたかかわりも許容されると考えられるでしょう。国家と宗教の結びつきがどの程度まで許されるか争われた事件は数多くあり、愛媛玉串訴訟（最判平9.4.2）等、違憲とされた判例もあります。

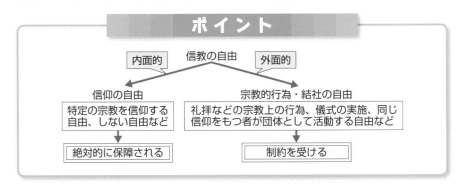

ポイント

信教の自由
内面的 → 信仰の自由
特定の宗教を信仰する自由、しない自由など → 絶対的に保障される

外面的 → 宗教的行為・結社の自由
礼拝などの宗教上の行為、儀式の実施、同じ信仰をもつ者が団体として活動する自由など → 制約を受ける

ミニテスト

1　特定の宗教を信仰しないことも、20条の信教の自由に含まれる。
2　反社会的な宗教を信仰することは、20条の信教の自由に反し認められない。
3　判例の立場では、宗教法人の解散命令は20条の信教の自由を侵害しない。
4　いかなる宗教団体も国から特権を受けることは禁じられている。

解答　1 ○　2 × 人の内面にとどまる限りは自由です。3 ○　4 ○

027 表現の自由～集会・結社の自由

「表現したい」という気持ちは誰にでもあります。

> **Q** 「表現の自由」の表現ってどういうこと？
> **A** 人の心の中にひそむ思想や信条などを、外部に表明することです。そのためにはいろいろな手段があります。

　「表現の自由」とは、人の内心における思想、信条、主義、主張、感情などをあらゆる手段を使って**外部に表明する自由**のことです。どんなに立派な思想をもっていても、心の中で考えているだけでは、何の影響も及ぼすことはできません。外部への表現によって他者に伝達されて、はじめて社会的効力を発揮します。また言いたいことを自由に言える、自由な社会であることは、民主主義の基礎をなすもので、そういう意味でも「表現の自由」は重要な権利といえます。したがって最大限尊重されるべきですが、これは**外面的な自由**にあたり他者の権利と衝突することもありますから、必要最小限の制約も伴います。21条に規定される「表現の自由」の種類ひとつひとつについて、その意義と制約を確認していきましょう。

集会の自由（21条1項）

　集会とは、政治、経済、学問、宗教などの問題に共通の目的をもった多数の人が一定の場所に集まることをいいます。集会する場所は、一般的には公園や広場、公会堂などですが、デモ行進など場所を移動する場合も集会に含まれると考えられています。集会の自由には、このような**集会を開催する自由**のほか、**参加する自由**も含まれます。

　集会の自由の規制として、問題になるのは各地の地方公共団体が制定する<u>公安条例</u>です。例えば、東京都には「道路や公共の場所での集会や集団行動には、公安委員会の許可が必要」という条例があります。この条例による集会の許可制が「表現の自由」に反するとして争われた事件がありましたが、最高裁は集団行動は一瞬にして暴徒と化す危険があるので条例をもって必要最小限の措置を事前に講ずることはやむをえない、また条例における<u>許可制は不許可とする場合が厳しく制限</u>されているので実質的には届出制と変わらない、として条例は合憲と判示しました。（最判昭35.7.20）

結社の自由（21条1項）

　結社とは、集会と同じように様々な問題に共通の目的をもった多数の人が

継続的に結合することをいいます。その目的によって様々な種類がありますが、政党や労働組合、宗教団体などが代表例です。結社の自由は、このような団体を結成し活動する自由、団体に加入する自由を保障しています。

結社の自由の規制としては、一定の職業における団体への強制加入があります。結社の自由には、団体に加入しない自由も含まれますから、強制加入はこれに反することになりますが、弁護士や司法書士のようにその職種の性質上、専門性や公共性を維持するためにはこのような強制加入規制も必要とされています。ほかに破壊活動防止法7条による、暴力主義的破壊活動を行うおそれのある団体への解散指定などが規制としてあげられます。

通信の秘密の保障（21条2項後段）

手紙、はがき、電信、電話などすべての通信の秘密が保障される権利です。表現の自由の保障であると同時に、プライバシーの保護の一面もあります。

通信の秘密に対する規制としては、刑事訴訟法100条による被告人が発した郵便物の押収、破産法82条による破産管財人による破産者あての郵便物の開封、犯罪捜査のための通信傍受に関する法律による特定犯罪に関する通信の傍受などがあります。

ポイント

① 表現の自由
　　⇒人の内心における思想、信条などを外部に表明する自由
② 集会の自由
　　⇒共通の目的をもった多数の人が一定の場所に集まる行為を行う自由
③ 結社の自由
　　⇒共通の目的をもった多数の人が継続的に結合し、活動する自由
④ 通信の秘密の保障
　　⇒手紙、はがき、電信、電話などすべての通信の秘密が保障される権利

ミニテスト

1　表現の自由は、民主主義の基礎をなす重要な権利であるから絶対的に保障される。
2　集会の自由は、集会を開催する自由のほかに集会に参加する自由も含まれる。
3　結社の自由は、共通の目的をもった多数の人が継続的に結合し、活動する自由のことである。
4　通信の秘密を侵してはならないことは、憲法で保障されている。

解答　1　×　外面的な自由なので、制約は伴います。2　○　3　○　4　○

028 表現の自由～言論・出版の自由

「表現」の方法も多様化してきています。

Q 他にはどんな「表現の自由」があるの？

A 言論、出版の自由や検閲の禁止があります。

■ 言論、出版の自由 (21条1項) ■

　言論、出版の自由とは、あらゆる手段によって思想、信条などを発表する自由です。21条1項では「言論、出版その他一切の表現の自由」としていますから、その媒体は、演説、新聞、雑誌などの印刷物のほか、テレビ、ラジオ、インターネット、映画、音楽、演劇などすべての表現媒体を含みます。「言論」を口頭による思想表現として、印刷物による「出版」と区別する考え方もありますが、一般的にはまとめて狭義の「表現の自由」と同義と考えられています。これに対して、広義の「表現の自由」とは、集会、結社の自由を含みます。

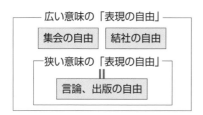

　言論、出版の自由は、従来は人が自分の言いたいことを自分の思う方法で表現することを国家から不当に制限されない、という権利の保障、すなわち「話す自由・書く自由」として保障されていました。ところが、マス・メディアの発達によって、主に情報の発信側は報道機関、受信側は一般国民という図式ができてしまいました。そこで受信側の権利として、「聞く自由、読む自由」を保障するいわゆる「知る権利」も保障されるようになってきました。

```
情報発信側
話す自由      読む自由  ┐
書く自由  ↓  ↑  聞く自由  ├ 知る権利
情報受信側            ┘
```

　「知る権利」は、情報の取得を妨げられない自由権であると同時に、情報の開示を請求できる権利として社会権の性質もあわせもっています。そしてこの「知る権利」を実現する手段として、「報道の自由」があります。「報道の自由」は報道機関がマス・メディアを通じて事実を国民に伝達する自由です。学説、判例とも「報道の自由」が21条の表現の自由に含まれるとしています（最決昭44.11.26）が、議論があるのは報道の準備にあたる「取材の自

由」です。「取材の自由」は、取材活動が第三者の利益を害することが多く、特にプライバシー権の侵害となりやすいためある程度の制約を伴うことは避けられません。

■ 検閲の禁止 （21条2項前段）

　検閲とは「公権力による事前の審査により、思想・表現内容の発表を禁止する行為」です。表現が受け手の側に達する前に公権力が抑止することは、表現の自由を失わせる行為であり、21条2項前段では「検閲はこれをしてはならない。」と絶対的に禁止しています。

　そこで問題となるのは、検閲の定義をどう解釈するかです。具体的に問題となったのは、税関検査（最判昭59.12.12）や裁判所による出版物の事前差し止め（最判昭61.6.11）などです。最高裁は、検閲を「行政権が主体となって、思想内容などの表現物を発表前に審査し、不適当とされたものの発表を禁止すること」と限定的に定義づけ、いずれも検閲にはあたらないとしました。税関検査は、国外で発表済であるから発表前にあたらない、裁判所による事前差し止めは、裁判所が主体となっているため、行政権主体の検閲にはあたらないとしたのです。もっともこうした事前の抑制は、検閲にはあたらなくても、その合憲性は厳しい基準で判断されています。

ポイント

① 言論、出版の自由
　　⇒あらゆる手段によって思想、信条などを発表する自由
② 知る権利
　　⇒情報の受信側の「聞く自由、読む自由」を保障する権利
③ 報道の自由
　　⇒報道機関が事実を国民に伝達する自由、「知る権利」を実現する。
④ 検閲
　　⇒公権力による事前の審査により、思想・表現内容の発表を禁止する行為。
　　　判例では限定的に解釈されている。

ミニテスト

1　言論の自由は、憲法によって保障されている。
2　表現の自由とは、思想などを発表する自由であるから、情報を受ける側の権利は保障しない。
3　検閲は、表現の自由を失わせる行為であり憲法で絶対的に禁止されている。

解答　1 ○　2 × 受信側の「知る権利」も保障すると考えられています。3 ○

029 学問の自由

自由に学問研究できない時代もありました。

> **Q** 「学問の自由」は学者や研究者だけのもの？
>
> **A** 学問を研究する自由、それを発表する自由は、すべての国民に保障されている権利です。

23条には、「学問の自由は、これを保障する。」とシンプルに規定されています。明治憲法には、学問の自由を保障する規定はありませんでした。明治憲法の時代には、天皇を単なる国家の機関と位置づけた天皇機関説を政府は誤った考え方と批判し、当説を提唱した学者の著書を発売禁止とし教壇でこの説を説くことも禁止したという事件がありました。（天皇機関説事件）このような、学問研究への権力による侵害が行われないよう、現在の憲法では学問の自由の規定を明示したのです。

学問の自由の内容

学問の自由には、「学問研究の自由」「研究発表の自由」「教授の自由」の3つの意味があります。

「学問研究の自由」とは真理の発見・探求を目的とする研究の自由です。内面的な自由であり、内心にとどまる限りは絶対的に保障されます。そして研究が意味をなすために、自由に研究結果を発表できることが「研究発表の自由」であり、こちらは外面的な自由です。「学問研究の自由」は思想の自由の一部、「研究発表の自由」は表現の自由の一部であり、学問について特に23条で重ねて規定されたものといえます。これら二つの自由は、すべての国民に保障されているのに対して「教授の自由」が保障されるのは限られた人達だけです。

「教授の自由」とは、学問研究の成果に基いてどのような内容をどのような教材を用いて教育を行うかを自主的に決定できることで「教育の自由」とも呼ばれます。その性質上、大学などの高等教育機関における教授に認められ、教育内容について画一的な基準が定められる小・中・高等学校の教師には認められないと考えられてきました。「教授の自由」の判例として有名な旭川学力テスト事件において、最高裁は、「普通教育においても一定範囲における教授の自由が肯定できないではない」としながらも「完全な教授の自由を認めることはできない」と判示しました。（最判昭51.5.21）

大学の自治

　学問の自由の担い手の主要な機関は大学ですから、本条によって「大学の自治」が保障されていると考えられています。「大学の自治」とは、大学における研究活動が保障されるために、人事や施設・学生の管理など大学の内部行政に関しては大学の自主的な決定に任せ、外部勢力の干渉を排除するということです。

　大学の自治に関して特に問題となったのは、警察権との関係です。正規の令状に基く捜査はともかく、公安活動のための警察官の立ち入りなどが大学の判断によらず行われたとすれば、大学の自治の保障に反するとみるべきで

しょう。大学の自治に関して争われた事件として東大ポポロ事件があげられます。東大の学生団体「ポポロ劇団」主催の学内での演劇発表会に公安活動のために入りこんでいた私服警察官を、学生が糾弾し暴行があったとして起訴された事件です。第一審、第二審は、学生の行為を大学の自治を守るために正当な行為であるとして無罪判決を下しましたが、最高裁は演劇の内容からそれが政治的社会活動であって大学の自治の保障を受けないとしました。（最判昭38.5.22）この判決に対しては、警察官が長期にわたり構内で調査活動を行っていたことが考慮されていないなど多くの批判があります。

ポイント

① 学問の自由の内容
　　⇒「学問研究の自由」「研究発表の自由」「教授の自由」がある。
② 学問研究の自由
　　⇒自由な研究を保障するもの、内面的な自由で「思想の自由」の一部。
③ 研究発表の自由
　　⇒研究結果を発表する自由、外面的な自由で「表現の自由」の一部。
④ 教授（教育）の自由
　　⇒どのように教育を行うか自主的に決定できること。

 ミニテスト

1　学問研究は、その内容によっては政府の干渉を受けてもやむをえない。
2　「研究発表の自由」は「表現の自由」の一部をなすものであるが、23条によっても保障されている。
3　「教授の自由」は判例上、大学などの高等教育機関における教授に認められている。

解答　1　× 内心にとどまる限り、絶対的に保障される自由です。
　　　　2 ○　3 ○

030 職業選択の自由

ここから経済的自由権を紹介していきます。

> **Q** 資格がなければ弁護士になれないのは、職業選択の自由に反しないの？
>
> **A** 職業活動を無制限に許しては社会生活の混乱を招きますから、職業選択の自由にも必要最小限の規制があります。

経済的自由権

経済生活や財産にかかわる自由を経済的自由権と呼び、自由権の中でも精神的自由権、人身の自由と区別されています。経済的自由権は、国民の自由な経済活動を基本にして国の経済的発展がはかられるために重要な人権です。主な経済的自由権としては、職業選択の自由（22条1項）、居住・移転の自由（22条1項）、財産権（29条）があります。

尚、経済的自由権は社会に与える影響が大きいことから、精神的自由権に比べてより強度の規制を受ける傾向にあります。それは、22条、29条に「公共の福祉」という制限を明示していることからも伺えます。精神的自由権の個々の条文には、ない規定です。それでは、経済的自由権にあたる人権を確認していきましょう。

職業選択の自由（22条1項）

22条1項の保障する職業選択の自由とは、文字通り自分が従事する職業を自由に決定できるということです。ま

た、自分が選択した職業を遂行する自由、すなわち営業の自由も含まれるとされています。

職業選択の自由の規制

職業を選ぶことは自由にできますが、実際にはすぐに営業がはじめられないものもありますね。床屋のように届出が必要なもの、飲食業のように許可が必要なもの、医師や弁護士のように資格が必要なものなど。これらは、その職業が社会に与える影響を考慮しその専門性や安全性を維持するために必要な規制といえます。

このような経済的自由に対する規制は、その目的に応じて「積極的・政策的規制」と「消極的・警察的規制」とに分けられ、その規制が憲法の保障に違反していないかを審査する基準が異なります。「積極的・政策的規制」とは、社会的、経済的弱者を保護するためになされる社会・経済政策的規制です。この規制に対しては、著しく不合理であることが明白な場合に限って違憲とされます。これに対して「消極

的・警察的規制」とは、国民の生命、健康に対する危険防止のためになされる規制で先にあげた飲食業の営業許可制はこれに属します。この規制に対しては、規制の必要性・合理性の他に、**同じ目的を達成できるより緩やかな規制手段の有無が審査**され、そのような手段が他にない場合に合憲とされます。明確に不合理でなければ合憲とされる、積極的・政策的規制に比べて厳格な基準といえます。

積極的・政策的規制に関する判例としては、小売市場距離制限事件があります。小売商業調整特別措置法に基く距離制限（小売市場間に一定の距離が必要）の合憲性が争われた事件です

が、最高裁は、これを**積極的・政策的規制**と認定し、経済的基盤の弱い小売商を保護するための措置であり、**著しく不合理であることが明白とはいえない**として、本規制を合憲としました。（最判昭47.11.22）

消極的・警察的規制に関する判例には、薬局距離制限事件があります。薬局の開設に適正配置を必要とする薬事法と県条例の合憲性が争われましたが、最高裁は、これを**消極的・警察的規制**と認定し、立法目的は行政の取り締まりなど**より緩やかな規制手段によっても達成できる**として違憲としました。（最判昭50.4.30）

ポイント

① 経済的自由権
　⇒経済生活や財産にかかわる自由、精神的自由権よりも規制を受けやすい。
② 職業選択の自由
　⇒経済的自由権のひとつで、自分が従事する職業を自由に決定できること。
③ 経済的自由に対する規制

規制の種類	目的	合憲性判定	
		合理性	他の規制の有無
積極的・政策的規制	社会的、経済的弱者の保護	基準となる	基準とならない
消極的・警察的規制	国民の生命に対する危険防止	基準となる	基準となる

より厳格な基準となっている

ミニテスト

1　経済的自由権は、精神的自由権に比べてより広汎な規制を受ける傾向にある。
2　経済的自由権には、職業選択の自由、居住移転の自由、表現の自由などがある。
3　飲食業を営む上での許可制は、国民の生命、健康に対する危険防止のためになされる消極的・警察的目的のための規制である。

解答　1 ○　2 ×　表現の自由は、精神的自由権です。3 ○

031 居住・移転の自由

引越や旅行の自由も含まれます。

> **Q** 居住場所を自由に選べるって当然のことじゃないの?
>
> **A** 自由ではなかった時代を経て、憲法に明示されるようになりました。

居住・移転の自由 (22条1項)

　職業選択の自由と同様、22条1項は、何人にも**居住・移転の自由**があることを規定しています。居住とは、自分の住所または居所を決定すること、移転とはそれらを移動させること、つまり引越ですが、一時的な移動すなわち旅行も含まれるとされています。何処に住もうと何処へ引っ越そうと、個人の自由な意思で決定できるということです。現在ではあたりまえのことですが、封建制の時代には、人が実質的に土地に縛りつけられていた時代もありましたから、居住・移転の自由は近代的な自由権であるといえます。

　居住・移転の自由は、実質的に自由な職業選択の前提ともいえますから22条で職業選択の自由と並べて規定され、**経済的自由のひとつ**と数えられてきました。しかし、現代では居住・移転の自由は、人の移動の自由を積極的に保障する、身体の拘束を解くという意義をもっているので**人身の自由**としての側面ももっています。また、他人との交流によって広く知的な接触の機会を得るためにもこの自由が必要であ

ることから、**精神的自由権の要素もあわせもっている**と考えられています。したがって、この自由への制約は、単に経済的自由権の制約としてだけでなく、それぞれの性質に応じて具体的に検討しなければなりません。

外国移住の自由 (22条2項)

　22条2項は、「何人も、外国に移住し、又は国籍を離脱する自由を侵されない。」と規定しています。移住とは、永久にもしくは相当長期にわたって外国に住所を移すことをさします。そこで一時的な海外渡航の自由(外国旅行の自由)が問題になってきます。海外渡航は、憲法で保障されるのか、されるとすれば22条1項の移転の自由にあたるのか、2項の移住の自由にあたるのか。帆足計事件において最高裁は、海外渡航の自由を、22条2項の外国移住の自由を根拠に認めました。

　本事件は、海外渡航に所持が義務づけられている旅券の発給に関して、「著しく且つ直接に日本国の利益又は公安を害する行為を行う虞があると認めるに足りる相当の理由がある者」に

外務大臣が旅券の発給を拒否できるとする旅券法の規定の合憲性が争われました。最高裁は、海外渡航の自由を22条2項を根拠とする人権として保障する一方で、公共の福祉に基く合理的制約であると認め旅券法の規定を合憲としました。（最判昭33.9.10）

🏴 国籍離脱の自由（22条2項）🏴

国籍は、特定の国家に属することを表す資格であり、それを個人の意思で離脱することが国籍離脱です。明治憲法下の国籍法では国籍離脱は許されず、政府の許可を必要としていましたが、国際社会の発達とともにその自由が認められ、現憲法で保障されるに至りました。しかし、これは、無国籍になる自由を含むものではありません。日本国籍を離脱するには、外国国籍の取得保有が必要となります。（国籍法11条1項）

最近では、オリンピックへの出場のために外国へ移住し外国国籍を取得する選手も出ていますから、外国移住・国籍離脱の自由もまた経済的自由権だけでなく精神的自由権の側面をもつことがわかります。

ポイント

① 居住の自由
　　⇒自分の住所、居所を自由に決定すること
② 移転の自由
　　⇒居住場所を自由に移転すること、一時的な移動（旅行）も含まれる。
③ 居住・移転の自由の性質
　　⇒経済的自由権であると同時に、人身の自由、精神的自由権の側面ももっている。
④ 海外渡航の自由
　　⇒憲法には明示されていないが、判例で22条2項外国移住の自由によって保障されると認められた人権。

ミニテスト

1　居住・移転の自由は、人の身体的拘束を解くという点で人身の自由の側面をもっている。
2　移転の自由には、一時的な移動すなわち旅行も含まれる。
3　国籍離脱の自由には、無国籍になる自由が含まれる。

解答　1 ○　2 ○　3 × 日本国籍を離脱するには、外国国籍の取得保有が必要です。

032 財産権

財産権の保障は資本主義社会の原則です。

Q 財産って現金や不動産のこと？

A そればかりではなく、貸金債権、賃借権、著作権などあらゆる財産的価値をもつ権利です。

財産権の保障（29条1項）

29条1項は、「財産権は、これを侵してはならない」と規定しています。財産権とは、一切の財産的価値を有する権利を意味しています。財産というとすぐに思い浮かぶのは、現金、預貯金、不動産などの所有権ですね、他にも人にお金を貸している場合の貸金債権、家を借りている場合の賃借権などの債権や著作権、特許権、商標権などの無体の財産権も含まれます。29条1項は、これらの財産を所有し利用する権利が、国家によって不当に侵害されないことをあらわしています。財産権の保障は、資本主義社会の原則といえます。

財産権の規制（29条2項）

財産権といえども、制約がないわけではありません。29条2項は、「財産権の内容は、公共の福祉に適合するように、法律でこれを定める」として公共の福祉によって制約されることを明示しています。これは、公共の福祉を理由として財産権を規制する法律が定

められ、1項で不可侵とされた財産権もその法律の範囲内で制約を受けるものであることを意味しています。例えば、農業生産力の増進を目的とする農地法は、農地の譲渡や使用方法について詳細な規制をしています。同法の規定が財産権を侵害するとして争われた事件がありましたが、農業経営の民主化のために公共の福祉に適合する法律に基く合理的な制限であるとされました。（最判昭35.2.10）農地所有者個人からみれば、土地という財産を自由に処分できない不便さがありますが、やむをえない制限ということですね。

ここで問題になるのは、財産権を規制できるのは条文で規定されているとおり「法律」だけか、ということです。地方公共団体が定める「条例」は、財産権を規制できるのでしょうか。判例はこれを肯定しています。ため池の破損による災害防止のため、堤とうに農作物を植える行為を禁止する条例の合憲性が争われた事件で、最高裁は、条例でも財産権行使を禁止することができるとし、違憲とはならない

としました。（最判昭38.6.26）現在では、公害規制条例などのように、条例による財産権の規制は実際に頻繁に行われています。

財産権の公共利用と補償（29条3項）

29条3項は「私有財産は、正当な補償の下に、これを公共のために用ひることができる。」と定めています。これは例えば病院、学校、道路など公共の目的のために、国家が私有の土地を強制的に取得（収用）できること、その際には所有者に対して「正当な補償」が必要であるということです。

「公共のため」とは、左記のような公共事業だけでなく、戦後の農地買収のように特定人が<u>受益者</u>となる場合でも、広く公共の利益のためであればよいとされています。「用いる」とは、強制的に財産を制限したり収用したりすることをさします。「正当な補償」の意味は、財産権の侵害により生じた損害すべてを補償すべきであるとする説（完全補償説）と合理的に算出された相当な額でよいとする説（相当補償説）とがありますが、判例は通常の収用の場合には、概ね完全補償説を原則としています。（最判昭48.10.18）

ポイント

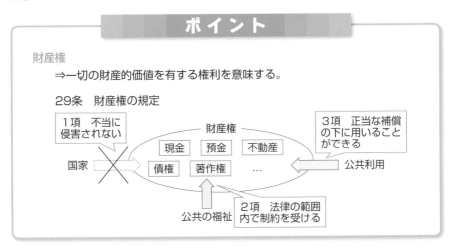

財産権
⇒一切の財産的価値を有する権利を意味する。

29条　財産権の規定

1項　不当に侵害されない

財産権

3項　正当な補償の下に用いることができる

国家　×

現金　預金　不動産
債権　著作権　…

公共利用

2項　法律の範囲内で制約を受ける

公共の福祉

ミニテスト

1　著作権などの無体財産権も、29条の保障する財産権に含まれる。
2　財産権は、条例で規制を受けることはない。
3　私有財産の公共利用における補償内容は、財産の所有者が自由に決められる。

解答　1　○　2　× 判例は、条例でも財産権の規制ができることを認めています。
　　　3　× 完全補償説や相当補償説などの客観的な基準に基いて算出されます。

033 奴隷的拘束からの自由

ここからは、「人身の自由」について紹介していきます。

Q 人身の自由とは？

A 身体を不当に拘束されない自由であり「身体の自由」とも呼ばれます。

人身の自由

「人身の自由」とは、**身体を拘束されない自由**であり人間として当然にもちうる権利です。ところが、専制主義の時代には、不当な逮捕、監禁、拷問などによって、人身の自由は踏みにじられてきました。「人身の自由」なくしては、精神的自由権も経済的自由権も実現しません。そこで、憲法は人身の自由の保障について詳細な規定を置きました。まず総則的な規定として18条に奴隷的拘束からの自由と31条に法定手続の保障を定め、個別規定として33条以下に刑事手続に関する規定をおいています。

「人身の自由」の条文構成

【総則的規定】
- 奴隷的拘束からの自由（18条）
- 法定手続の保障（31条）

【個別規定】
- 逮捕に対する保障（33条）
- 抑留などに対する保障（34条）
- 住居侵入などに対する保障（35条）
- 残虐な刑罰の禁止（36条）
- 刑事被告人の諸権利（37条）
- 不利益な供述の強要禁止など（38条）
- 刑事法規不遡及（39条）

このように整理してみますと、個別規定の条文では、かなり詳細な保障内容が定められていることがわかります。憲法というより刑法、刑事訴訟法といった内容にも思われますよね。しかし、これらはあえて現憲法に規定されました。明治憲法の時代に実際に行われていた、公権力による「人身の自由」の過酷な制限を徹底的に排除するためです。したがって人身の自由の規定は単なる手続規定ではなく、人権として保障されるべき内容といえます。

奴隷的拘束からの自由（18条）

18条は、まず前段で**奴隷的拘束からの自由**を定めています。奴隷的拘束とは、人間としての人格が認められない程度まで身体の自由を拘束することを意味します。我が国においては、奴隷制度そのものの経験はありませんが、戦前の鉱山採掘などの労働者について問題とされた監獄部屋などがこれにあたります。

奴隷的拘束は、人間の尊厳を否定する行為であり、**絶対的に禁止**されます。たとえ本人の同意があっても許さ

れるものではありませんし、公共の福祉による制約も受けません。

意に反する苦役からの自由 (18条)

18条後段は、**本人の意思に反する苦役からの自由**を定めています。苦役とは、奴隷的拘束ほどではない身体拘束や肉体的、精神的に苦痛を伴う強制的な労役を意味します。奴隷的拘束との違いは、苦役が「犯罪による処罰を除いて」禁止される点です。奴隷的拘束が絶対的に禁止されるのに対して、苦役は、懲役、禁錮など犯罪行為に対する刑罰の場合は、例外的に許されています。

他に一時的に災害の拡大を防止するため、緊急の必要があると認められる労役強制（例えば、火災現場での消火、消防作業への従事命令－消防法29条5項）は憲法上、許されると考えられますが、徴兵制は18条に反するといえるでしょう。

18条の私人間効力

18条の規定は、公権力からの自由を保障するだけでなく、私人間においても適用される規定です。憲法の私人間効力については、諸説あることをテーマ020「人権の適用範囲」に記しましたが、本条についてはその性質上、**私人間に直接適用**し私人と私人の間でも、このような拘束は許されないとされています。

ポイント

① 人身の自由
⇒身体を拘束されない自由。自由権の基礎となる権利
② 奴隷的拘束
⇒人間としての人格が認められない程度まで身体の自由を拘束すること
③ 苦役
⇒肉体的、精神的に苦痛を伴う強制的な労役

	一般には…	本人の意思（同意）による場合	犯罪による処罰の場合
奴隷的拘束	禁止	禁止	禁止
苦役	禁止	許される	許される

絶対的に禁止される

ミニテスト

1　人身の自由なくしては、精神的自由権も経済的自由権も意味をなさない。
2　本人の同意があれば、奴隷的拘束は許される。
3　犯罪による処罰の場合は、苦役を課されても違憲ではない。

解答　1 ○　2 × 絶対的に禁止されます。3 ○

034 法定手続の保障

「法」で「定められた」「手続」による保障…？

Q 死刑執行は「人身の自由」に反しないの？

A 憲法上、適正な法手続によって行われる刑罰は、例外的に許されることになっています。

法定手続の意義・内容（31条）

31条は、「法律の定める手続によらなければ」、生命、自由を奪われたり、その他の刑罰を科せられることがないと定めています。これは適正な法手続以外には、人身の自由の侵害を受けることのないように定められた、人身の自由の基本原則です。

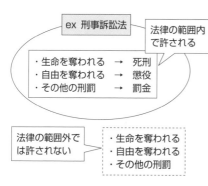

「法律の定める手続によらなければ」とは、まず「手続が法律で定められること」が必要ですが、さらに「手続の内容が適正であること」が求められます。何を基準に適正か否かを判断するか、その主要な原則は33条以下の個別規定にもあらわれています。それらは次テーマ以降、順次解説していくとし

て、ここでは31条で直接保障される「告知と聴聞の権利」について説明しておきましょう。

たとえば公権力が国民に刑罰を科す場合には、当事者にその内容を告知し、弁解や防御の機会を与えなければならないというのが、告知と聴聞の権利の趣旨です。この権利が31条の保障する適正手続であることを示したのが第三者所有物没収事件です。この事件では、貨物の密輸を企てた被告人が有罪判決を受けると同時に、貨物の没収判決を受けましたが、貨物には被告人以外の第三者の所有物も含まれていたため、その所有者に対し、告知や聴聞の権利を与えず没収するのは31条の適正手続に反するとして没収判決が違憲とされました。（最判昭37.11.28）

手続を定めるのは法律だけか

条文ではっきり「法律で」とありますが、法律以外で刑罰を科すことはできないのでしょうか。政令は、法律の委任があれば、罰則を設けることができるとの規定が73条6号にありますの

で、例外的に承認されていると考えていいでしょう。条例については、明確な規定はありませんが、判例は条例によっても刑罰を科すことが可能であるとしており、実際に迷惑防止条例のように罰金や拘留などの刑罰規定を定めたものがあります。ただし条例でも、法律による委任が必要とされています。

31条と行政手続

　31条は、「その他の刑罰を科せられない」という文言からわかるように刑事手続についての規定です。それでは行政手続についてはどうでしょうか。たとえば、税務調査などの行政調査による事業所立ち入りや少年法による保護処分などの行政手続も31条の法定手続の保障に含まれるのでしょうか。告知と聴聞の権利は与えられるのでしょうか。この問題に関する判決がなされ

たのが成田新法事件です。成田空港の建設に反対する過激派集団が行った過激な破壊活動を阻止するために、急遽制定・施行された「新東京国際空港の安全確保に関する緊急措置法」（いわゆる成田新法）に基き行われた、過激派所有建築物の使用禁止処分が憲法に違反するとして争われたものです。最高裁は、「行政手続が刑事手続でないとの理由のみで、31条の保障の枠外にあるとは判断すべきでない」として31条の行政手続への適用を認めました。が、一方、刑事手続との性質の違いからすべてが保障されるわけではないとして限定つきの適用としました。したがって、本事件の判決は、諸事情を考慮したうえで、使用禁止処分をする際に告知と聴聞の機会を与える規定がなくても違憲とはならないとされました。（最判平4.7.1）

ポイント

法定手続の保障 ── 手続が法律で定められること
　　　　　　　　└─ 手続の内容が適正であること

ミニテスト

1　判例の立場では、告知と聴聞の権利は31条によって保障される。
2　法律の委任があれば、政令で罰則を科すことができる。
3　判例の立場では、31条の法定手続の保障は刑事手続のみで行政手続は含まれない。

解答　1 ○　2 ○　3 ×　判例で行政手続も保障されるとされました。

035 人身の自由　個別規定1

「人身の自由」の概要がわかったところで…。

> **Q** 逮捕される場合にも、「人身の自由」が保障されているの？
>
> **A** 令状によって犯罪が明らかにされなければ逮捕されないという保障があります。

人身の自由の個別規定として、まずは被疑者の権利に関する条文をみていきましょう。被疑者とは、起訴前のいわゆる容疑者のことで起訴されると被告人となります。

逮捕に対する保障（33条）

33条では逮捕にあたって、司法官憲の発する令状が必要と定めています。これを令状主義と呼びます。司法官憲とは、逮捕、捜索、押収に関する令状を発する権限をもつ司法部の公務員でこの場合、裁判官をさします。逮捕の必要性を事前に司法官憲すなわち裁判官に判断させ、その判断に基いて令状を発することによって逮捕権の濫用を防ぐ効果があります。

令状主義の例外として、まず現行犯逮捕があります。33条には、「現行犯として逮捕される場合を除いては」と明示されており、現行犯の場合は令状がなくても逮捕できます。現行犯は、犯罪の場面を確認されており不当な逮捕が行われる可能性が低い為です。他に令状なく逮捕できる制度として緊急

逮捕（刑事訴訟法210条）があります。これは死刑、無期懲役などの重大犯罪の疑いが濃厚で且つ緊急を要する場合に令状なく逮捕できる制度です。こちらは憲法上の明示規定がないため、33条に反するのではないかとの議論がありましたが、最高裁は「逮捕後、直ちに令状を求めることを条件として緊急逮捕が憲法には違反しない」と判示しました。（最判昭30.12.14）

抑留・拘禁に対する保障（34条）

抑留とは、身柄を一時的に拘束する行為をさし、拘禁とは抑留よりも継続的な拘束行為をさします。34条は、逮捕された被疑者を抑留、拘禁する場合に保障されるべき権利を次のように定めています。

↓保障される権利	抑留	拘禁
理由の告知を受ける権利	○	○
弁護人を依頼する権利	○	○
正当な理由を公開法廷で示すよう要求する権利	×	○

住居侵入などに対する保障（35条）

　住居は人の私生活の中心ですから、犯罪捜査のためとはいえ簡単に立ち入りをされては困りますよね。35条は、住居・書類・所持品について侵入、捜索、押収をする場合には逮捕時と同様令状主義を定め、公権力による恣意的な捜索を禁止しています。令状は、正当な理由すなわち犯罪の嫌疑、捜索の必要性などに基いて発せられ、捜索する場所や押収する物が明示されていなければなりません。さらに同時に捜索、押収する場合でも、1本の令状にまとめるのではなく、各々令状が必要になります。

　35条では「33条の場合を除いては」と規定されており、33条の場合すなわち適法な逮捕の場合には、侵入、捜索、押収のための別の令状を必要としません。たとえば、逮捕のために住居に侵入する際には、侵入のための令状は不要ということです。この適法な逮捕には、33条の示す令状による逮捕、現行犯逮捕に加え、刑事訴訟法の規定する緊急逮捕も含まれるとされています。

　35条は、刑事手続を対象にしたものですが、住居への侵入や書類の捜索は税務調査などの行政手続においても行われます。行政手続においても令状主義が適用されるでしょうか。最高裁は、35条の規定が**行政手続にも、原則適用される**としました。（川崎民商事件　最判昭47.11.22）もっとも、すべての行政手続に令状主義を適用するわけではなく、その目的や要件によって適用されないケースもあるとしました。

ポイント

① 　令状主義
　　　⇒逮捕、住居侵入、捜索など一定の行為を行う際に令状が必要であること
② 　逮捕における令状主義の例外
　　　⇒現行犯逮捕、緊急逮捕
③ 　住居・書類・所持品についての侵入、捜索、押収における令状主義の例外
　　　⇒令状逮捕、現行犯逮捕など適法な逮捕の場合

ミニテスト

1　現行犯逮捕の場合でも、裁判官の発する令状が必要である。
2　何人も理由の告知を受けなければ、拘禁されない。
3　抑留される場合には、正当な理由を公開法廷で示すよう要求できる。

解答　1　×　現行犯逮捕には令状は不要です。　　2　○
　　　　　3　×　拘禁される場合にはできますが、抑留される場合には認められていません。

036 人身の自由　個別規定2

起訴された後の被告人の権利についての規定です。

Q 被告人には、どんな権利が保障されているの?

A 公平・迅速・公開の裁判を受ける権利です。

　ここでは被告人の権利に関する条文をみていきましょう。

残虐な刑罰の禁止（36条）

　36条は、公務員による拷問、残虐な刑罰を絶対的に禁止しています。明治憲法時代には、法律上禁止されていたにもかかわらず、実際にはしばしば自白を得る目的で拷問が行われていました。そのため、現憲法下では拷問禁止を実効あるものとするために、憲法において明示されました。

　残虐な刑罰とは、不必要な精神的、肉体的な苦痛を内容とする人道上残酷と認められる刑罰を意味します。ここで「死刑」という刑罰が、この36条の残虐な刑罰にあたるかという疑問がでてきます。残虐な刑罰にあたるのであれば、死刑は憲法違反ということになります。この問題は、死刑制度そのものの是非をめぐる論点のひとつとして論じられてきました。判例は、憲法に死刑の存置を是認する規定があることを指摘し、「執行方法が火あぶりやはりつけなど残虐性を有するものはさておき、現行の絞首刑による死刑は、残虐

刑に該当しない」としています。（最判昭23.3.12）憲法における死刑の存置を是認する規定とは、13条が公共の福祉により、31条が法律の定める手続により、生命を奪われることがありうるとされている点です。

13条　（―略―）生命、自由及び幸福追求に対する国民の権利については、公共の福祉に反しない限り、立法その他の国政の上で、最大の尊重を必要とする。

31条　何人も法律の定める手続によらなければ、その生命若しくは自由を奪はれ、又はその他の刑罰を科せられない。

刑事被告人の諸権利（37条）

　37条1項は、公平な裁判所の迅速な公開裁判を受ける権利をすべての刑事被告人に保障しています。憲法は、本条とは別に裁判を受ける権利を32条で公開裁判を受ける権利を82条で保障していますが、ここでは特に刑事事件の裁判について公平・迅速且つ公開での裁判の必要性を明らかにしました。

公平な裁判所とは、判例では、極端な偏りや不公平のおそれがない組織と構成をもった裁判所を意味するとしています。公平な裁判所の実現のために刑事訴訟法では、被告人と関係があるなど不公平な裁判の虞がある裁判官を排除する、除斥や忌避などの制度を定めています。ただし、あくまで組織的な公平さを求めるものであって、事件の審理内容の公平をさすわけではありません。（最判昭23.5.26）

迅速な裁判とは、「適正な裁判を確保するのに必要な期間を超えて、不当に遅延した裁判」ではないことを意味します。判例では、15年に渡って審理が中断した事件を、同項の迅速な裁判保障に違反した異常な事態とみなして、免訴を言渡したものがあります。

（最判昭47.12.20）

37条2項は、刑事被告人に対し「すべての証人に対して審問する権利」（証人審問権）と「公費で自己のために強制的手続により証人を求める権利」（証人喚問権）を保障しています。ただし、裁判所は被告人の要求する証人をすべて採用する義務はなく、その採否決定は裁判所の裁量によるとの判例があります。（最判昭23.7.19）

37条3項は、刑事被告人に弁護人依頼権を保障し、さらに被告人が自ら弁護人を依頼することができない場合は、国選弁護人を付せる旨を規定しています。これは形式的に弁護人がつけばいいというのではなく、実質的に十分な弁護を受ける機会が被告人に与えられるべきであることを趣旨としています。

第3編　国民の権利及び義務

ポイント

① 拷問、残虐な刑罰
　　⇒憲法によって絶対的に禁止される。
② 刑事被告人の権利
　　⇒・公平な裁判所の迅速な公開裁判を受ける権利
　　　・証人審問権〜すべての証人に対し審問する権利
　　　・証人喚問権〜公費で自己のために強制的手続により証人を求める権利
　　　・弁護人依頼権〜十分な弁護を受ける権利

ミニテスト

1　拷問は、憲法で絶対的に禁止されている。
2　判例の立場では、死刑は36条の規定する残虐な刑罰にはあたるとされた。
3　刑事被告人には、公平な裁判所の迅速な公開裁判を受ける権利が保障されている。

解答　1 ○　2 × 死刑は、残虐な刑罰にはあたらないとされました。3 ○

73

037 人身の自由　個別規定3

「人身の自由」の規定はたくさんありますね。

Q 他には、どんな規定があるの？

A 黙秘権も人身の自由の規定です。

引続き、人身の自由の個別規定：被告人の権利の保障についてみていきましょう。

不利益な供述の強要禁止（38条1項）

38条1項は、誰でも「自己に不利益な供述」を強要されない、と定めています。「自己に不利益な」とは、本人の刑事責任に関して不利益である、即ちこれを話せば有罪になってしまう、もっと重い刑罰を科されてしまう、と思われる事実のことです。そうした自分に不利益な事実を話すことを強要されない、というのは刑事訴訟手続の原則で「自己負罪拒否の特権」とも呼ばれる権利です。いわゆる黙秘権のことですね。尚、原則として黙秘権の対象となるのは刑事責任の基礎となる事実ですが、行政上の供述は同様に保護されるのでしょうか。

この点に関する判例が、35条令状主義でも紹介した、川崎民商事件です。旧所得税法上の質問検査権（税務調査で、納税義務者が質問や物件提出を拒否した場合に罰則が与えられるという制度）が38条に反するとして争われた事件です。最高裁は、行政手続であっても、実質的に刑事責任追及のためには黙秘権も及ぶとしましたが、本件の質問検査権については、刑事責任追及を目的とするものではないので黙秘権が与えられなくても違憲ではないとしました。（最判昭47.11.22）

自白の証拠能力（38条2～3項）

38条2項3項は、自白の証拠能力についての規定です。自白は本人の意思によって任意に行われたもののみを証拠とできます。拷問や脅迫によってなされた自白や不当に長く抑留、拘禁された後の自白は、任意性がないとして証拠とできないとする規定です。さらに、本人の意思による自白があっても、他にその自白を補強する証拠（例えば、凶器などの物的証拠など）がない場合は、有罪とはされません。自白の証明力を制限する規定です。時代劇などで罪人を拷問で責めたてて、自白を引き出す場面がありますが、現在の憲法下では38条によってこうした自白は証拠とならず、これによって有罪となることはありません。

刑罰法規不遡及（39条）

　39条前段前半は、**刑罰法規不遡及の原則**を規定しています。刑罰法規即ち刑法という法律は、時代ともに内容も改定されてきています。ある時点では適法であった行為が、その後の法改正によって有罪となった場合でも遡って有罪になることはないということです。下線刑罰の重みについても同様です。ある時点で罰金刑であった犯罪が、その後、懲役刑※に改正されたとしても遡って懲役刑が科されることはありません。あくまでも実行当時の法が適用されます。これは事後法の禁止とも呼ばれます。

　39条前段後半は、すでに無罪とされた行為について再び刑事責任を問われることはないという**一事不再理の原則**をあらわしています。ここでは、確定判決による無罪をくつがえして有罪にすることを禁止しています。さらに39条後段では、同一の犯罪について重ねて刑事上の責任を問われないとしています。被告人を二重に刑事手続の処罰の危険にさらすことを**二重処罰**と呼び、これを禁止するための規定です。

＊＊＊＊＊＊＊＊＊＊＊＊＊＊＊＊＊

※令和4年に、懲役と禁錮を廃止して拘禁刑に一元化する改正刑法が成立しました。令和7年に施行される見込みです。

ポイント

① **不利益な供述の強要**
　　⇒刑事責任の基礎となる事実を話すことを強要されること。憲法では、これを強要されないと規定し、黙秘権を保障している。

② **自白の証拠能力**
　　⇒拷問や脅迫、不当な抑留・拘禁などによる自白は証拠とならない。

③ **刑罰不遡及の原則**
　　⇒刑罰は、実行当時の法に基いて科されるということ、後に刑罰が重く改定されても遡って適用されることはない。

④ **二重処罰の禁止**
　　⇒同一の犯罪について、重ねて刑事責任を問われることはない。

ミニテスト

1　刑事責任に関して自己に不利益な供述は拒否することができる。
2　判例の立場では、行政手続においても黙秘権を原則認めている。
3　実行時に無罪であった行為が、その後有罪となった場合は遡って有罪とされる。

解答　1 ○　2 ○　3 × 刑罰不遡及の原則により無罪のままです。

038 生存権

ここから社会権を紹介していきます。

> **Q** 社会権ってどんな権利？
> **A** 国家に対して積極的な行為を要求する権利です。

社会権の意義

社会権は、20世紀になって登場した比較的新しい人権です。資本主義経済の発展が生み出した経済的・社会的弱者を救済し、実質的平等を実現することを目的としています。自由権が、国家の介入の排除を目的とする権利であるのに対し、社会権は国家に対して一定の積極的な行為を要求する権利です。尚、社会権のなかには性質上、自由権的側面をあわせもつものもあります。憲法は、社会権として

① 生存権（25条）
② 教育を受ける権利（26条）
③ 勤労の権利（27条）
④ 労働基本権（28条）

を保障しています。ひとつずつ確認していきましょう。

生 存 権

25条1項は、国民が誰でも「健康で文化的な最低限度の生活」を営む権利、即ち生存権をもっていると定めています。生存権は、国民が人間的な生活を送ることができる権利として憲法で宣言されたもので、社会権の基礎と

もいえる権利です。そしてこれを実現するため、2項で「国は、すべての生活部面について、社会福祉、社会保障及び公衆衛生の向上及び増進に努めなければならない」と国の責務を定めています。したがって国は、生存権を実現するための立法や施設の整備など政治的義務を負います。具体的には、各分野で次のような法律により整備がはかられています。

■ **社会福祉面**…生活保護法、社会福祉法、児童福祉法、老人福祉法、身体障害者福祉法など。

■ **社会保障面**…健康保険法、国民健康保険法、国民年金法、雇用保険法、介護保険法など。

■ **公衆衛生面**…食品衛生法、地域保健法、環境基本法、大気汚染防止法、騒音規制法など。

生存権の法的性格

生存権は、国家に対し積極的な配慮を求める権利ですが、具体的な請求権を与えるものではありません。「健康で文化的な最低限度の生活」という抽象的な表現を根拠に国家に何らかの施

策を要求するのは現実的に難しいでしょう。何が文化的でどこまでが最低限度なのか、人によって判断は異なります。「健康で文化的な最低限度の生活」を営むために必要な具体的な権利は、先に紹介したような25条の規定の趣旨をうけて制定された法律によって与えられるものといえるでしょう。

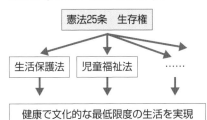

憲法25条　生存権

生活保護法　児童福祉法　……

健康で文化的な最低限度の生活を実現

このような25条の生存権の保障は国政のプログラムを定めたものであり、国民の具体的権利を保障するものではないとの考え方をプログラム規定説といいます。

判例もこの考えを支持しています。この点について争われた事件が朝日訴訟です。生活保護を受けていた原告（朝日さん）が、1956年当時の生活扶助費月額600円では、健康で文化的な最低限度の生活を営めないとして憲法違反を訴えた事件です。裁判中に、原告が死亡したために訴訟は終了しましたが、最高裁は裁判所意見として、25条1項は国の責務を宣言したにとどまり、直接個々の国民に具体的権利を賦与したものではなく、具体的権利は生活保護法によって与えられている、何が健康で文化的な最低限度の生活でるかの判断は厚生大臣の裁量に委ねられていると述べました。（最判昭42.5.24）

ポイント

① 社会権
⇒国家に対して一定の積極的な行為を要求する権利。生存権、教育を受ける権利、勤労の権利、労働基本権などがある。

② 生存権
⇒国民が誰でも有する「健康で文化的な最低限度の生活」を営む権利
国は、生存権を実現するための立法や施設の整備など政治的義務を負う。

ミニテスト

1　国民が誰でも、健康で文化的な最低限度の生活を営む権利を有することは憲法で保障されている。
2　国は、生存権を実現するための立法や施設の整備など政治的義務を負う。
3　判例の立場では、25条が直接個々の国民に対し具体的権利を賦与するとしている。

解答　1 ○　2 ○　3 × 具体的権利を賦与するとはしていません。

⓪㊴ 教育を受ける権利

すべての国民が保障されています。

> ❓ お金がなくて大学にいけないときはどうするの？
>
> 🅰 奨学金制度などにより、能力に応じた教育を受ける機会が与えられています。

■ 教育を受ける権利の意義（26条）

教育は、個人が成長する過程で人格を形成し、いずれ社会にでたときに必要な教養を身につけるために必要不可欠なものです。26条1項は、すべての国民に能力に応じた、均等な教育機会が与えられることを保障しています。国は、この権利を保障するために、教育制度を維持し、教育条件を整備する政治的義務を負います。具体的には教育基本法や学校教育法、私立学校法などの制定により、学校教育の指針を具体化しています。また、各種奨学金制度で子どもが親の資産状況によらず教育の機会を得られるような制度を整備しています。さらに、小学校・中学校の普通教育については義務教育として、親には子どもに必ず教育を受けさせる義務を負わせ、同時にそのための費用は無償としました。（26条2項）

「教育を受ける権利」に関する問題点についてみていきましょう。

■ 教育権の所在

子どもの教育内容について決定する権利を教育権と呼び、その所在が国家と国民のどちらにあるか、が問題になります。これに関する学説には、次のようなものがあります。

> ■教育内容は国が関与・決定する権能を有する（国家教育権説）
> ■子どもの教育に責任を負うのは親およびその付託を受けた教師を中心とする国民であり、国は教育のための条件整備を行う（国民教育権説）

この論争は、様々な裁判で問題になりましたが、明確な結論はでていません。テーマ㉙「学問の自由」でご紹介した旭川学力テスト事件においてもこの問題について触れられました。当時の文部省が実施した、中学生を対象とした全国一斉学力テストが教育の自由を侵害しているとして争われた事件です。最高裁は判決の中で、この問題に触れ、国家教育権説も国民教育権説も「極端且つ一方的」であるとして否定しました。そして普通教育の教師にも一定範囲の教育の自由はあるとしな

がらも、国は必要且つ相当と認められる範囲内において教育内容を決定する権能を有するとしています。2つの説の折衷案のようですね。事件の対象となった全国一斉学力テスト自体は適法と認められました。（最判昭51.5.21）判決の基本的な考え方は、普通教育は、国・親・教師の3者分担によって教育を実現すべきというものです。大学の教授には完全な教育の自由が認められている点と比較しておきましょう。

義務教育無償の範囲

26条2項は、「義務教育はこれを無償とする」と定めていますが、この無償の範囲について解釈が分かれています。授業料のみならず教育に必要な一切の費用を無償とするという説もありますが、最高裁判例は、**無償の対象は授業料のみ**という立場をとっており、憲法がほかの教科書、学用品などの費用の無償を定めたわけではないとして、教科書代の返還を求めた訴えを退けました。（最判昭39.2.26）そして、教科書無償は立法政策によって実現されるべきであるとのべています。実際に昭和38年以降、義務教育における教科書については、「義務教育諸学校の教科用図書の無償措置に関する法律」により無償とされました。

第3編 国民の権利及び義務

ポイント

① 教育を受ける権利
⇒すべての国民が能力に応じてひとしく教育の機会が与えられている。
② 教育権
⇒子どもの教育内容について決定する権利。教育権の所在については、国家にあるとする説と国民にあるとする説とがある。
③ 義務教育の無償
⇒無償とされるのは授業料のみとする説と教科書なども含み教育に必要な一切の費用とする説がある。判例は前者の立場をとっている。

ミニテスト

1 すべて国民は、能力に応じひとしく教育を受ける権利を有する。
2 判例の立場では、普通教育の教師にも完全な教育の自由が認められる。
3 義務教育における教科書の無償措置は、憲法に基いて行われている。

解答 1 ○ 2 × 判例上、完全な自由は許されないとされています。
3 × 直接、憲法26条を根拠に行われているのではなく、「義務教育諸学校の教科用図書の無償措置に関する法律」によって行われています。

79

040 勤労の権利・労働基本権

労働者の為に様々な権利が保障されています。

Q 働くことは権利なの？

A 権利であると同時に義務でもあります。

勤労の権利

27条1項は、すべての国民が「勤労の権利」を有し同時に「勤労の義務」を負うと定めています。「勤労の義務」は、後述の国民の義務（テーマ045）でご紹介するとして、ここでは権利面についてみておきましょう。

「勤労の権利」は、働く意思と能力をもつ国民が、働く機会を与えられることを保障し、就職の機会が得られないような場合には、雇用保険制度などで失業対策をする政治的義務を国に課しています。

勤労条件の法定

賃金、就業時間、休息など勤労のための条件は、本来は使用者（雇用する側）と労働者との間で契約によって定めることですが、それではどうしても賃金を受け取る労働者側が不利になりがちです。そこで、27条2項は、そうした勤労条件に関する基準は国が立法によって定めることとしました。具体的には、次のような法律があります。

■**労働基準法**…労働時間、休憩、休日など労働条件の原則や、療養補償・休業補償といった災害補償を規定。

■**最低賃金法**…労働者の生活安定を図るため、職業又は地域に応じた賃金の最低額を定めるよう保障しています。

■**男女雇用機会均等法**…男女が平等に雇用機会を得られるよう、性別を理由とする差別の禁止、出産等を理由とする女性労働者への不利益取扱禁止などを規定しています。

このように労働者にとって極端に不利とならないような基準が法律によって定められています。

児童酷使の禁止

児童を労働者とすることは、使用者にとっては低賃金で雇えるというメリットから、過去においては劣悪な労働条件、環境の下で年少者が働かされるということが多々ありました。そこで27条3項は、特に児童に対する酷使を禁止する規定を定めています。労働基準法は、この趣旨を受けて、年少者の労働基準を詳細に定めるとともに、15歳未満の児童を労働者として使用することを原則禁止しています。（労働基

準法56条）例外として一定の要件の下で、15歳未満の児童も労働することができますが、労働時間は厳しく制限されています。TVの生番組でこどものタレントが夜になるといなくなっているのは、このためです。

労働基本権

28条は、不利な立場となりやすい労働者が使用者と対等の立場にたてるよう、労使間の実質的平等を確保する権利として3種類の労働基本権を保障しています。団結権、団体交渉権、団体行動権（争議権）です。

■**団結権**…労働条件を維持・改善するために使用者と対等の交渉ができる団体すなわち労働組合を結成した

り、これに加入したりする権利です。

■**団体交渉権**…労働者の団体が使用者と労働条件について交渉する権利で、交渉の結果、締結するのが労働協約です。労働協約に反する労働契約は無効となるという効力をもっています。（労働組合法16条）

■**団体行動権（争議権）**…労働者団体が使用者と対等に交渉する状態を確保するために、団体として行動する権利です。具体的にはストライキなどの争議行為が行われます。春先によく行われる電車やバスのストライキは、そこで働く労働者が交渉中のために行われているのです。

ポイント

① 勤労の権利
　　⇒働く意思と能力をもつすべての国民が、働く機会を保障されている。
② 勤労条件の法定
　　⇒労働者側が不利にならないよう、勤労条件の基準は法律で定められる。労働基準法、最低賃金法、男女雇用機会均等法などの法律がある。
③ 労働基本権
　　⇒労使間の実質的平等を確保するため、労働者に保障された権利。団結権、団体交渉権、団体行動権の3つの権利がある。

ミニテスト

1　勤労条件に関する基準は、労働者と使用者の間で決定することで制限はない。
2　児童を酷使することは、憲法で禁じられている。
3　労働組合を結成することは、労働者の権利として憲法で保障されている。

解答　1　×　勤労条件の基準は、法律で定められます。2　○　3　○

041 労働基本権の制限

労働者の為の権利にも制限があるのですね。

Q どんな制限があるの?

A 公務員は労働基本権の一部が制限されています。

先のテーマでご紹介したように、労働基本権は労働者にとって重要な権利です。それでは、労働基本権には何の制限もないのでしょうか。

労働基本権の行使は、社会的影響が大きいものです。例えば、電車やバスのストライキなどが、私達の生活に与える影響を考えてみてください。無制限に行われては困りますよね。そこで、労働基本権といえども、国民の利益と調和のために公共の福祉による制約を受けることはやむを得ないとされています。ただし、労働者にとっては自己の生活を守るために必要な権利ですから、その制限は必要かつ合理的な最小限度のものでなければなりません。具体的にどんな制限があるのかみていきましょう。

公務員の労働基本権

公務員は、その性質上、一般の労働者よりも労働基本権が制限されています。例えば、以下のとおりです。

■**警察職員、消防職員、自衛隊員等**…団結権、団体交渉権、団体行動権すべてが禁止

■**非現業の一般の公務員**…団体交渉権、団体行動権が禁止

■**現業の公務員**…団体行動権が禁止

（現業とは、国の企業経営等の非権力的な事業をいいます。民営化や独立行政法人化により非現業となる事業が増えています。）

このように公務員の労働基本権は、かなり制限されていますが、この制限が憲法に反しないか、様々な事件で争われてきました。

公務員の労働基本権に関する判例

初期の判例は、「国家公務員は国民全体の奉仕者として公共の利益のために勤務するものであるから、一般労働者と異なる取扱を受けても28条に反しない」（最判昭28.4.8）として公務員に対する労働基本権の幅広い制限を合憲としていました。

その後、全逓東京中郵事件において判例は変更され、労働基本権の制限は合理性の認められる必要最小限でのみ認められるとして、公務員の労働基本権の制約に厳格な条件が示されました。

この事件は、全逓信労働組合の役員が、東京中央郵便局の職員に争議行為をそそのかしたとして起訴された事件で、公務員の争議行為禁止規定（当時の公共企業体等労働関係法17条）が合憲か、正当な争議行為が刑事免責されるかが問題となりました。最高裁は、労働基本権は公務員にも原則保障されるとし、その制約が合憲であるための厳しい判断基準を示しました。その結果、争議行為禁止規定は合憲としましたが、正当な争議行為は刑事免責されるとして被告人を無罪としました。（最判昭41.10.26）

こうして公務員の労働基本権の制限に関する判例は、当初の厳しい制限から比較的緩やかな基準に変わったのですが、その後の全農林警職法事件によって、また厳しい制限へと判例変更されました。これは、国家公務員法の争議行為禁止規定の合憲性が争われた事件で、最高裁は、公務員の勤務条件は国会の制定した法律・予算によって定められるので、争議行為は的外れである、公務員の争議行為は、私企業と異なり市場抑制力がないことなどの理由を掲げて、**一律かつ全面的な制限を合憲としました**。（最判昭48.4.25）このように、公務員の労働基本権の制限は時代とともに変化しています。

ポイント

① 労働基本権の制限
　　⇒公共の福祉による制約を受けるが、その制限は必要最小限度でなければならないとされている。

② 公務員の労働基本権
　　⇒その地位の特殊性から、公務員は一般の労働者よりも労働基本権が制限されている。

　　公務員の労働基本権に関する判例の変遷

幅広い制限を合憲とした（最判昭28.4.8）	→	制限には厳格な条件が示された（最判昭41.10.26）	→	一律かつ全面的な制限を合憲とした（最判昭48.4.25）

1　労働基本権は、労働者にとって不可欠な権利であるため、何ら制約を受けない。
2　労働基本権の制限は、必要かつ合理的な最小限度のものでなければならない。
3　公務員も一般の労働者と同じように、労働基本権が保障されている。

解答　1　× 公共の福祉による制約を受けます。2　○
　　　　3　× 公務員の労働基本権は、一般の労働者よりも制限されています。

042 選挙権・被選挙権

私達が政治に参加できる重要な機会です。

Q 国民主権というけれど、実際に私達に何ができるの？
A 選挙によって、国政の場で国民の意思を示す代表者を選ぶことができます。

　国民主権は、憲法の重要な原理ですが、実際に国民が国政を決定できる範囲は限られています。私達が、自ら法律を定めたり外交を行ったり、というのは現実的ではありませんね。そこで憲法は、国民が代表者を選定して間接的に政治に参加する（間接民主制）という方法をとっています。憲法第15条はそのあらわれです。

公務員の選定罷免権

　第15条第1項は、「公務員を選定し、及びこれを罷免することは、国民固有の権利である。」として公務員の選定罷免が国民の権利であることを示しています。公務員とは、広く国や地方公共団体の公務を担当する者をさします。もっともこの規定は、具体的にすべての公務員の任免を直接国民が行うことを意味しているのではありません。（私達が役所の職員や警察官を選定したことはありませんよね。）その手続が、主権者である国民の意思に基いて定められなければならないという広い意味でとらえられています。国民が直接任命権をもつのは、国会議員、

地方公共団体の長、議員の選挙などです。
　第2項では「すべて公務員は、全体の奉仕者であって、一部の奉仕者ではない。」と公務員のあるべき姿を明示しています。

選挙権

　国民の政治参加の権利は、主として、議会の議員の選挙を通じて達成されます。国民が、国や地方自治体を動かす代表者を選び、その代表者によって国民の意思が正しく反映されてこそ国民主権が実現されるのですから、選挙は公正に行われなければなりません。そこで選挙が自由で公平に、そして効果的に行われるための基本原則を、わが国の憲法でもいくつか採用しています。

■普通選挙：第15条第3項

　人種や性別、職業、財産、教育などに拘らず、国民であれば誰でも選挙権が認められる制度を普通選挙といいます。これに対し一定の要件が必要とされるものは制限選挙と呼ばれ、明治憲法の下では財力のあるものや男性のみ

に選挙権が認められるといった<u>制限選挙</u>が行われていました。第3項で、「公務員選挙における成年者による普通選挙」が保障されたことにより、国民は成年に達していれば、原則誰でも等しく選挙権をもつに至りました。これを受けて選挙権年齢は公職選挙法により当時の成人年齢である20歳以上と定められましたが、平成27年の改正により18歳以上に引き下げられました。

■**秘密選挙：第15条第4項前段**

誰に投票したか、を秘密にする制度を秘密選挙といいます。秘密選挙は、すべての人が自分の自由な判断で投票できるために必要とされる原則で、第4項前段で投票の秘密について明示されています。

■**自由選挙：第15条第4項後段**

選挙を棄権しても制裁を受けない制度を自由選挙といいます。秘密選挙と同様、投票が個人の自由な意思に基いて行われるべきとの考え方に基いています。第4項後段は、投票しないという選択も、投票した内容の選択も一切責任を問われないとして自由選挙を含めた投票の自由を保障しています。

被選挙権

立候補して公務員になり得る権利、つまり被選挙権も15条を根拠とする、国民の権利であると考えられています。被選挙権は、年齢制限が高いこと（概ね、25歳・30歳以上）、多くの公務員が立候補を禁止されていること、兼職禁止規定があることなど選挙権よりも制約が大きくなっています。

ポイント

① **公務員の選定罷免**

⇒国民固有の権利とされ、その手続は主権者である国民の意思に基いて定められなければならない。

② **選挙における基本原則**

普通選挙	国民であれば誰でも選挙権が認められる制度
秘密選挙	誰に投票したか、を秘密にする制度
自由選挙	選挙を棄権しても、制裁を受けない制度

ミニテスト

1　公務員の選定、罷免は国民の権利である。
2　国民は、すべての公務員の選定、罷免を直接行うことができる。
3　公務員の選挙における選挙権は、人種や性別、財産などの要件を必要としない。

解答　1 ○　2 × すべての公務員の任免を直接行うわけではありません。3 ○

043 請願権・国家賠償請求権

あまり聞き慣れないですね…。

Q 人権侵害が起きてしまった場合には、何か救済手段があるの？

A 国民が国家に損害賠償請求できる国家賠償請求権という権利があります。

ここまで様々な人権についてみてきましたが、これらの人権が侵害されたときはどうしたらよいのでしょうか。いかに高らかな理想を憲法で掲げても実現されなければ意味がありません。そこで人権保障をより確実にするために、**国民が国家に対し積極的に権利保護を請求できる権利**が認められています。これは**国務請求権（受益権）**と呼ばれる基本権です。

憲法で保障される国務請求権には、請願権（16条）、国家賠償請求権（17条）、裁判を受ける権利（32条）、刑事補償請求権（40条）があります。

請願権

第16条に請願権の規定があります。請願とは、国や地方公共団体の諸機関に対して要望や希望を述べることです。請願は耳慣れなくても、陳情という言葉は聞き覚えがあるでしょう。これも請願権の一種といえます。地方議会では、議員紹介のあるものを請願、ないものを陳情という区別だけで実質的には同様に扱うところが多いようです。

憲法第16条では、請願ができる対象を「損害の救済、公務員の罷免、法律、命令又は規則の制定、廃止又は改正その他の事項」とし国務、公務全般に渡り幅広くその権利を認めています。そして「何人も（―略―）平穏に請願する権利を有する」として、誰でも請願を行えることを強調しています。「平穏に」とされていますから、暴力や威嚇を伴う請願は、受け付けられません。

公務の執行機関に直接、希望を伝えられるという点で非常に有効な手段のように思われますが、請願は審理や判定などの措置を求めることはできないので法的効果は望めません。請願の手続を定めた請願法でも「（―略―）請願は、官公署においてこれを受理し誠実に処理しなければならない」（請願法第5条）という努力義務を課すのみで、具体的な措置をとるべき義務は定められていません。文字通り、請い、願うのみで終わってしまう可能性もありますね。受理機関の対応次第ということになります。

歴史的には絶対君主制の時代には、請願権は支配者に対し国民が政治的意

思を表明する有力な手段でした。他に手段がなかったからです。ところが、参政権や言論の自由などが広く認められるようになった現代社会では、その意義の重要性は比較的低下しているといえます。16条後段の「請願をしたためにいかなる差別待遇も受けない」との規定も先の時代には必要でしたが、現在では当然のことといえます。

国家賠償請求権

第17条は、公務員の不法行為すなわち故意・過失による違法な行為が国民に損害を与えた場合、その行為に対して国民が国や地方公共団体に対し損害賠償を請求する権利を保障しています。明治憲法では、こうした賠償請求保障の規定がなく、警察などの権力作用については国の賠償責任は否定されていました。現憲法では、広く国・公共団体が賠償責任を負うことを明らかにしており、具体的な手続は、国家賠償法で定められています。

国家賠償請求権を行使した訴訟としては、ハンセン病患者の長期間にわたる隔離政策が患者や家族の人権を侵害したとして、国の賠償責任を広く認めた事件が有名です。（熊本地平13.5.11）

ポイント

① 国務請求権（受益権）
⇒国民が国家に対し積極的に権利保護を請求できる権利。請願権、国家賠償請求権、裁判を受ける権利、刑事補償請求権がある。

② 請願権
⇒国務請求権の一種。国や地方公共団体の諸機関に対して要望や希望を述べることができる権利

③ 請願の効果
⇒請願を受理した機関は誠実に処理しなければならないが、具体的な措置をとる義務はないので法的効果は望めない。

④ 国家賠償請求権
⇒公務員の故意・過失による違法な行為が国民に損害を与えた場合、その行為に対して国民が国や地方公共団体に対し損害賠償を請求する権利

ミニテスト

1　現憲法では、人格侵害などを救済する規定はない。
2　国民は、法律の制定や改正に関して請願することができる。
3　請願によって、直接の法的効果は望めない。

解答　1　× 国務請求権の規定があります。2　○　3　○

044 裁判を受ける権利・刑事補償

国務請求権の規定の続きです。

Q 刑事補償って国家賠償と違うの?

A 「補償」と「賠償」の違いに注目して下さい。

裁判を受ける権利

第32条は「何人も、裁判所において、裁判を受ける権利を奪はれない。」と規定されています。「裁判を受ける権利」とは、人権の侵害があったときに政治権力から独立した司法機関つまり裁判所に対して、誰でも平等に権利・自由の救済を求めることのできる権利をさします。

民事事件や行政事件において「裁判を受ける権利」とは、訴えを起こすことができる権利ということです。人は、これにより公平な裁判所の判断を受けることができます。裁判所は訴えを起こされたら、裁判を拒絶することは許されません。

刑事事件は、民事・行政事件のように人が訴えを起こすものではなく国家が人に刑罰を課すものですから、少し意味が異なります。刑事事件において「裁判を受ける権利」とは、裁判所の公正な裁判を受けずして刑罰が科されることはないということです。個人の自由を保障するという点から、刑事事件における「裁判を受ける権利」は、自由権の性質をあわせもっています。

「裁判」というと一般的に、公開の法廷で審理が行われて紛争を解決する、というイメージがありますが、他に非訟事件と呼ばれる、もっと地味な裁判があります。紛争の予防のために、裁判所が後見的に介入するもので非公開で行われます。後見開始の審判などがこれにあたります。32条の「裁判を受ける権利」には、このような非訟事件も含まれると解されています。

刑事補償請求権

第40条は「何人も、抑留又は拘禁された後、無罪の裁判を受けたときは、法律の定めるところにより、国にその補償を求めることができる。」と規定しています。抑留とは、身体の自由を拘束すること、拘禁は抑留よりも長期にわたり拘束することです。

刑事手続によって抑留又は拘禁(以下、抑留等という)された後に、無罪の裁判を受けたときに国の補償を求めることができる権利を認めています。

国家による人権侵害に対する責任を認めている点は、国家賠償請求権と同じ趣旨ですが、こちらは「賠償」では

なく「補償」という言葉を使っていることに注目してください。国家賠償請求権は、不法行為による損害の責任ですから、不法行為の要件である故意・過失による違法な行為があってはじめて認められる権利です。これに対して、刑事補償請求権は、故意・過失に関わらず、抑留等された後の無罪裁判という結果に対して補償を請求できるのです。したがってたとえ抑留等の手続が適法であり、公務員に何の落ち度もないとしても、無罪の裁判を受けるという結果が生じれば補償を請求することができます。補償の要件や手続

は、刑事補償法に定められています。

　ところで、抑留等がされた後に不起訴になった場合はどうでしょう。不起訴となれば裁判になりませんから、無罪の裁判を受けることはできません。条文の規定どおりの結果は得られませんが、判例は実質上は無罪となった事実についての抑留等と認められれば、裁判を受けていなくても刑事補償の対象に含まれるとしています。（最決昭31.12.24）昭和32年には、抑留等された者が不起訴となった場合の補償規定として「被疑者補償規定」が法務省訓令として定められました。

ポイント

① 裁判を受ける権利
　　⇒裁判所に対して、誰でも平等に権利・自由の救済を求められる権利
　　　[民事・行政事件における「裁判を受ける権利」
　　　　⇒訴えを起こすことができるということ
　　　刑事事件における「裁判を受ける権利」
　　　　⇒裁判所の公正な裁判を受けずして刑罰は科されないということ
② 刑事補償請求権
　　⇒刑事手続によって抑留、拘禁された後に無罪の裁判を受けたときに、国の
　　　補償を求めることができる権利。故意・過失を必要としない。

ミニテスト

1　刑事事件においては、裁判を受けずに刑罰が科されることはない。
2　拘禁された後に無罪の裁判を受けた場合、拘禁が適正な手続によるものであっても補償を求めることができる。
3　抑留・拘禁された後に不起訴となった場合は、補償を求めることはできない。

解答　1 ○　2 ○　3 ×　実質上は無罪となった事実についての抑留等と認められれば、対象に含まれるとする判例があります。

045 国民の義務

「義務」を負わずして「権利」を主張することなかれ…。

Q 権利だけでなく義務もあるの？

A 憲法には、国民の三大義務が規定されています。

国民の義務についての規定

憲法第3章は、「国民の権利及び義務」としながらも、そのほとんどは権利についての規定です。それは、ここまでご紹介してきた様々な人権規定が中心となっています。しかし、わずかながら義務に関する規定もあります。それは、12条の一般的な倫理義務と、国民の三大義務と呼ばれる「教育の義務」（26条2項）「勤労の義務」（27条1項）「納税の義務」（30条）です。もっとも国民の義務は、これがすべてではなく、憲法には重要な義務のみが規定されていると考えてください。

一般的義務（12条）

12条は、具体的な法的義務を定めたものではなく、倫理的な意味をもつ抽象的な規定です。憲法が国民に示す訓示といったものでしょう。そこには、憲法が保障する自由及び権利を、国民の努力によって保持すべきこと、自由や権利を濫用してはならないこと、公共の福祉のためにこれらを利用する責務を負うことが規定されています。

教育の義務（26条2項）

26条2項前段は、1項の「教育を受ける権利」に対応して「子女に普通教育を受けさせる義務」を定めています。これは子女の保護者に対し課せられた義務で、教育の重要性からとくに憲法で明示されたものです。これによって義務教育制が定められることになります。保護者は、保護する子女に小学校と中学校の9年の普通教育は必ず受けさせなければなりません。この義務を怠った場合は、処罰の対象となります。（教育基本法91条）

勤労の義務（27条1項）

こちらも、権利と対応する義務です。27条1項は「すべて国民は、勤労の権利を有し、義務を負ふ」と定めています。働く権利と同時に働く義務をもっているのです。これは、「働かざる者、食うべからず」とのことわざどおり、勤労の能力を持つ者は、勤労によって生活を維持する義務を負うことを示しています。もっともこれは自助努力を促す宣言規定にとどまるもので、国家が国民に勤労を強制すること

はできません。したがって、「勤労の義務」は、働く能力がありながら働く意思のない者には、勤労の権利を保障しないという消極的な意味をもつにとどまります。例えば、勤労の権利の一環であるいわゆる失業手当の支給要件が、働く能力と働く意思のある者に限られているのは、「勤労の義務」の趣旨のあらわれといえます。

納税の義務（30条）

国民の義務として、もっとも重要なものと考えられるのが「納税の義務」です。国民の納める税金によって、国家の財政が維持され、国が成り立つのですから、国家からの様々な権利を享受する国民にとって当然の義務といえます。憲法が特に明示したのは、「納税の義務」が世界の憲法史において一般に重要な義務と考えられてきたからでしょう。他に、国家に対する国民の義務として一般的なのは、「兵役の義務」ですが、日本国憲法は、戦争放棄の理念により軍隊を保有しないので、兵役の義務はありません。

＊＊＊＊＊＊＊＊＊＊＊＊＊＊＊＊＊＊

国民の義務についてみてきましたが、それらはいずれも権利の裏返しであることがよくわかります。国民と国家の関係は、もちつもたれつ、ということですね。

ポイント

① 国民の三大義務

⇒教育の義務、勤労の義務、納税の義務

― 教育の義務

⇒保護する子女に教育を受けさせる義務。

― 勤労の義務

⇒勤労の能力を持つ者は、勤労によって生活を維持する義務を負う。

― 納税の義務

⇒税金を納める義務。

 ミニテスト

1　憲法には、権利の規定はあるが義務の規定はない。

2　憲法に規定される国民の義務とは、勤労の義務、納税の義務、兵役の義務である。

3　勤労の義務とは、勤労の能力を持つ者は勤労によって生活を維持する義務を負うということである。

解答　1　×　教育の義務、勤労の義務、納税の義務の規定があります。

2　×　兵役の義務はありません。3　○

046 第3編 国民の権利及び義務 の用語解説1

テーマ017「人権の歴史」から025「思想・良心の自由」における用語解説です。

Q マグナ・カルタって何?

A 初期の人権思想を表明した憲法的な文書です。

テーマ017

マグナ・カルタ

1215年、イギリス王が封建貴族等の要求に応じて調印した憲法的な文書。大憲章ともいわれており、初期の人権思想を表明しました。

自然権

人が生まれながらに有する権利。国家に先立ち、国家によっても侵されない権利とされています。

フランス人権宣言

1789年フランス革命の後に、フランスの国民議会が議決した「人と市民との権利の宣言」をさします。近代的な人権宣言の先駆けとなりました。

テーマ018

帰化

自らの希望によって国籍を取得すること。日本国民でない者は法務大臣の許可を得て日本の国籍を取得することができます。日本国民が外国に帰化した場合は、日本の国籍を失います。

テーマ019

皇室会議

皇室に関する重要事項を審議する国の合議機関で、皇室典範によって設置されます。

テーマ020

私的自治の原則

原則として、個人の私法関係はその意思によって自由に行わせるべきとの考え方。

公序良俗

国家や社会の秩序をさす「公の秩序」、社会の一般道徳観念をさす「善良の風俗」の両者を略した用語。民法90条は、公序良俗に反する法律行為を無効と規定しています。

テーマ021

複数の説

人権が公共の福祉によってどこまで制約を受けるのか?

①12、13条が広い意味で人権全般をさしていることを重視して、すべての人権が公共の福祉によって制約を受けると考える説があります。(一元的外在

制約説）この場合22、29条はその中に包含され、特に意味を持ちません。

②12、13条は単なる倫理的な規定と考え、制約を受けるのは具体的に明示されている22、29条の経済的自由権と、国家の積極的施策によって実現される社会権に限られるとする説もあります。（内在・外在二元的制約説）

違憲審査基準

法令や処分などが人権の制約となる場合に、それが憲法に違反していないかを判断する際の基準となる考え方。「比較衡量論」「二重の基準論」などがあります。

テーマ022

環境権

生活にかかわる大気、水、日照、静穏などについて良好な環境を享受できる権利。公害問題において提唱された新しい人権です。

日照権

居住者が日照を確保する権利。都市の建築物の高層化などによって日照が阻害されるようになり提唱された新しい人権。建築基準法の日影規制は、日照権の保護の一種です。

眺望権

一定の風景などを他の建築物などに阻害されることなく眺望できる権利。

嫌煙権

煙草を吸わない人が、他人の煙草の煙の被害を避けるため、喫煙の規制を請求する権利。

⇒環境権、日照権、眺望権、嫌煙権とも明確な法上の根拠はありませんが、憲法13条を根拠とした新しい人権の一種と考えられています。

一審判決

日本の裁判は三審制をとっており、異なる審級の裁判所で三度審理を受ける機会があります。一審判決とは、その第1回目の裁判の判決のこと。

テーマ023

嫡出

婚姻した夫婦から生まれること。

テーマ025

踏み絵

江戸時代に、禁止されていたキリスト教の信者を発見するためにキリストや聖母マリアの絵を踏ませる手法。絵を踏めない者は信者として迫害を受けました。国家による個人の思想調査です。

治安維持法

大正時代に制定された法律。治安維持の名の下に、主に共産主義運動を取り締まり後にその範囲を広げ多くの活動家、運動家を弾圧しました。国家による思想統制がはかられた法律です。

047 第3編 国民の権利及び義務 の用語解説2

テーマ027「表現の自由〜集会・結社の自由」から033「奴隷的拘束からの自由」における用語解説です。

Q 公安条例って何？

A 集会や集団行動を取り締まる目的をもった条例です。

テーマ027

公安条例

社会の秩序を維持するため、集会や集団行動を取り締まる目的をもった条例。主に公安委員会の許可を必要とする許可制と届出を要する届出制とに分けられます。

許可制と届出制

許可制とは一定の審査の上で認められますが、届出制とは、内容いかんにかかわらず届出という行為をすれば原則認められます。

強制加入

弁護士は弁護士会に、司法書士は司法書士会に、加入しなければ仕事ができないことになっています。一定の職業における強制加入規制です。

破産管財人

破産手続をする際に、破産者の財産を整理し債権者に配当するなどの事務を行う者。裁判所が選任し、監督します。

テーマ029

天皇機関説

明治憲法の時代、美濃部達吉によって唱えられた学説。法律学上、国家は法人であり天皇はその法人である国家の機関であるとした説です。天皇を神聖化する政府によって美濃部達吉の著書は発売禁止とされ、公職から追放されました。

旭川学力テスト事件

1961年、文部省の実施した全国の中学生を対象とする全国一斉学力テストに反対する教師が、テスト実施を阻止しようとして公務執行妨害罪で起訴された事件。その裁判の過程で文部省によるそうしたテストが教授の自由を侵害しているとして、普通教育における教授の自由について問題となりましたが、最高裁は「完全な教授の自由を認めることはできない」とし、当該テストは適法とされました。

テーマ030

薬事法

医薬品、医療用具、化粧品の品質や有効性、安全性の確保を目的としてその製造、販売などにかかわる規制を定めた法律

テーマ031

居所

生活の本拠とまではいえないが、一定の期間継続して居住している場所。民法の規定では、住所がわからない場合や日本に住所がない場合は、居所が住所とみなされます。

テーマ032

債権

特定の者が特定の者に一定の行為や給付を請求する権利。AがBにお金を貸している場合、AにはBに貸したお金を返すよう請求する権利、貸金債権があります。

賃借権

対価を払って不動産や動産などの目的物を借りる際に、借りる側がその目的物を使用する権利。建物の賃貸借であれば、賃借人が建物を使用する権利のことです。

著作権

小説、音楽、映画などの著作物に対する独占的・排他的な権利。

特許権

特許を受けた発明を業として実施できる独占的・排他的な権利。

商標権

他人のものと区別するために、自己の取り扱う商品に使用する文字、図形などの標識を商標といい、特許庁に登録された商標に対する独占的・排他的な権利を商標権といいます。

農地法

農地の利用関係の調整を行って、耕作者の地位の安定と農業生産力の増進を目的として制定された法律。農地の所有権移転や他の用途への転用などを許可制にするなど制約をおいています。

受益者

一定の行為や事実によって利益を受ける者。

テーマ033

刑法と刑事訴訟法

刑法は、刑事事件における犯罪の内容（どのような行為が犯罪となるか、どのような刑罰が課せられるか）を定めた法律。刑事訴訟法は刑事事件の訴訟手続について定めた法律。刑法は実体に関する法、刑事訴訟法は手続に関する法に分類されます。

監獄部屋

戦前の日本で、鉱山採掘や鉄道工事などのためにタコ部屋、監獄部屋と呼ばれる半強制的な作業場に拘束され、劣悪な労働環境の中、多くの人が命を落としたといわれています。

048 第3編 国民の権利及び義務 の用語解説3

テーマ033「奴隷的拘束からの自由」から040「勤労の権利・労働基本権」における用語解説です。

Q 令状って何？

A 逮捕、勾留、捜索、差押など強制処分を行う際に裁判官又は裁判所が発する書面です。

テーマ033

徴兵制

個人の意思にかかわらず、国民に兵役に服することを義務づける制度。明治憲法下においては、兵役の義務は国民の義務とされ、強制徴兵制がとられていました。

テーマ034

法律の委任

法律が一定の事項を他の法令（政令、省令など）に委任すること。

行政手続

内閣、官公庁、役所など行政機関による行政権行使上の法的手続。

テーマ035

令状

逮捕、勾留、捜索、差押など強制処分を行う際に裁判官又は裁判所が発する書面。逮捕令状、勾留状、捜索許可状などがあります。

現行犯

現に行っているか、現に行い終わった犯罪のこと、現行犯人を現行犯という

こともあります。

テーマ036

自白

自分の犯罪事実を認める供述のこと。任意性など一定の要件を満たせば、裁判の証拠となります。過去においては、物的な証拠が乏しい場合に無理に自白させて有罪にもちこむということが行われていました。

除斥

事件の当事者や事件自体と特殊な関係にあり、公正さに疑念を生じさせる事由（除斥事由）がある場合に、その職務から排除されること。刑事事件における裁判官の除斥事由は刑事訴訟法に定められています。（刑事訴訟法20条）

忌避

除斥事由には該当しないが、手続の公正さを失わせる虞のある場合に、その職務から排除されること。

免訴

裁判所が訴訟を打ち切ること。

国選弁護人

被告人のために国が選任する弁護人。

国選弁護人の日当や報酬は、国が負担しますが、被告人に支払能力がある場合など、訴訟費用として負担を命じられることもあります。

テーマ037

供述

被告人や証人などが自分の知覚した事実を事実として述べること。

任意性がない

自分の自由な意思で行ったものではないこと。

刑罰の重み

刑罰とは、犯罪を行った者に科せられる制裁。重い方から、死刑、懲役、禁錮、罰金、拘留及び科料と付加刑として没収があります。なお、懲役と禁錮を廃止して拘禁刑に一元化する改正刑法が成立しており、令和7年に施行される見込みです。

テーマ038

実質的平等

人を現実的な違いに応じて処遇することによって、結果的な平等をめざすもの。実質的平等に対して、すべての人を同一に処遇することを「形式的平等」といいます。

立法

法令を制定する作用。

生活保護

生活に困窮する国民のために、その程度に応じて行われる、生活扶助、教育扶助、住宅扶助、医療扶助などの保護。

テーマ039

文部省

教育の振興、生涯教育の推進を目的とした当時の国の行政機関。平成13年の中央省庁改革により、現在は、文部科学省となっています。

テーマ040

使用者と労働者

労働契約において、労務に服し労務の対価として賃金を受け取る者を労働者、そして労働者を雇用し賃金を支払う者を使用者と呼びます。使用者は雇用主、事業主とも呼ばれます。

療養補償

労働者が業務上負傷したり、病気になったりした場合に、使用者が必要な療養を行える環境を提供したり、療養の費用を負担しなければならないとする補償。

休業補償

療養補償と同様の理由で労働することができない場合は、使用者は労働者の療養中一定の賃金を支払わなければならないとする補償。

⇒療養補償、休業補償とも法律上使用者が労働者に対して追う義務ですが、実際には使用者が加入する労災保険から補償が行われるのが一般的です。

049 第3編 国民の権利及び義務 の用語解説4

テーマ042「選挙権・被選挙権」から045「国民の義務」における用語解説です。

Q 民事事件って何？
A 私人間の紛争、利害対立に関する事件です。

テーマ042

制限選挙

明治憲法の下では、長期間に渡って財力を要件とした制限選挙が行われていましたが、1925年に25歳以上のすべての男子に選挙権が認められ、1945年に婦人参政権も実現し、20歳以上のすべての国民に選挙権が認められました。さらに、平成27年の改正により選挙権年齢が18歳以上に引き下げられました。

テーマ043

不法行為

故意又は過失によって他人の権利または法律上保護される利益を侵害し、損害を生じさせる行為。不法行為の効果として加害者は損害を賠償しなければなりません。民法に規定があります。

故意・過失

「故意」は、自分の行為が一定の結果を生じさせることを認識しながらあえてその行為をすること、「過失」は認識しえたのに不注意で認識しなかったこと。故意または過失があることは不法行為が成立する要件です。

テーマ044

民事事件

私人間の紛争、利害対立に関する事件。民事事件の訴訟に関する手続は民事訴訟法に定められています。

行政事件

行政庁の公権力の行使に関する不服に対する訴訟や公法上の法律関係に関する事件。行政事件の訴訟に関する手続は行政事件訴訟法に定められています。

刑事事件

刑罰を課すか否かが問題となる刑事手続の対象となる事件。その手続は刑事訴訟法に定められています。

後見開始の審判

認知症の高齢者や知的障害者など、判断能力を有しない者を法律的に保護するために、親族などが申し立てることによって裁判所が後見人を選任する手続。審判によって後見人が決まると、その後は後見人が本人の財産管理や身上看護を行います。

不起訴

検察官の判断により、公訴の提起（起訴）がされない処分となること。被疑

者の死亡や公訴時効の完成など法律上の要件を欠く場合の他、被疑者が人違いであったり、犯罪の嫌疑が認められない、または不十分な場合なども不起訴の理由となります。

訓令

上級官庁が下級官庁の権限行使を指揮するために発する命令。訓令は法規としての性質は有しないので、直接国民を拘束することはありません。

テーマ045

失業手当

雇用保険法に基き、被保険者（労働者）が失業した場合などに支給される給付のこと。失業を「労働の意思及び能力があるにもかかわらず職業に就けない状態」と定義していますので、仕事を失えば誰でも支給を受けられるわけではありません。雇用保険法上は、失業等給付といい、生活の安定を図るために支給される求職者給付、再就職を促進するために支給される就職促進給付、能力開発を支援するために支給される教育訓練給付など複数の種類があります。

050 権力分立の原理

ここから統治機構について紹介していきます。

> **Q** 権力分立って何？
>
> **A** 国を統治するための基本原理で、権力がひとつの機関に集中しないようにする仕組です。

　ここまで、憲法の目的である「個人の尊厳の達成」のための人権保障についてみてきました。ここからは、同じ目的を達成するためのもうひとつの手段、統治機構について確認していきましょう。統治機構とは、立法（国会）・行政（内閣）・司法（裁判所）といった組織を活用して国家を治めるためのシステムのことです。憲法の構成は、人権保障と統治機構の2つに大別されますが、いずれもその目的は、個人の尊厳を守ることです。人権は人が主張しうる権利という概念、統治機構は、それを実現するための手段です。

権力分立

　統治機構の基本原理は、国民主権と権力分立です。国民主権を実現するための権利として参政権はテーマ**042**「選挙権・被選挙権」で確認しました。主権者である国民の意思に基いて選ばれた公務員が国政を担うわけですが、その際に国家の諸作用を性質に応じて、立法・行政・司法という3つに区分します。そして、それらを異なる機関に担当させ、相互に監視、牽制することによって権力の偏りが起きないようにする制度を権力分立と呼びます。

権力分立の仕組

　憲法は、立法・行政・司法を担う機関として次のように定めています。

> 41条　国会は（―略―）国の唯一の立法機関です。
>
> 65条　行政権は内閣に属する。
>
> 76条1項　すべて司法権は、最高裁判所及び法律の定めるところにより設置する下級裁判所に属する。

すなわちこういうことです。

- ・立法（法をつくる）　→　国会
- ・行政（法を執行する）　→　内閣
- ・司法（法を司る）　→　裁判所

憲法は各々の機関の役割を明確にし、さらにお互いを牽制する仕組を用意しています。各機関の詳細は、後のテーマで紹介します。ここでは、各機関の関係〜どのようにお互いを牽制しているか〜について重要なものをみておきましょう。

〈権力分立を実現する三機関の関係〉

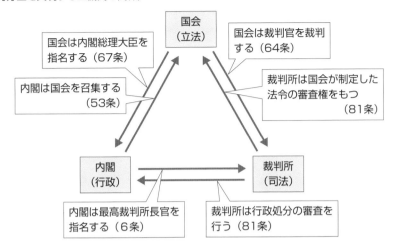

このように、3つの機関はそれぞれが勝手なことをしないように、お互いを抑制する機能をもっています。これにより、国家権力がひとつの機関に集中して権力が濫用されることを防止しています。

ポイント

① 統治機構
⇒国家を治めるためのシステムでその基本原理は、国民主権・権力分立である。

② 権力分立
⇒立法を国会に、行政を内閣に、司法を裁判所に担当させ、各々の役割を明確にするとともに、お互いを牽制し権力が集中することを防止する仕組

ミニテスト

1 権力分立とは、国家権力がひとつの機関に集中することによる権力の濫用を防止するための仕組である。

2 権力分立を実現する3つの国家機関とは、天皇・国会・内閣である。

3 国会は国の立法機関である。

4 行政権は、裁判所に属する。

解答 1 ○ 2 × 国会・内閣・裁判所です。3 ○
4 × 行政権は内閣に属します。裁判所に属するのは司法権です。

051 国民の代表機関としての国会

国会にはいろいろな顔があります。

> **Q** 国会とは、どんな位置付けにあるの？
>
> **A** 国民の代表機関・国権の最高機関・唯一の立法機関という地位を有しています。

統治機構のひとつ、国会について説明していきます。まずは、国会の地位です。国会はどのような位置付けにある機関なのか、理解しておきましょう。

国会の地位

憲法は、前文の第1項に「権力は国民の代表者がこれを行使し」とあるように代表民主制を基本としています。代表民主制においては、国民の意思を国政に反映するため、代表者によって組織される議会すなわち国会での公開の討論を通じて、国の重要事項を決定していきます。その意味で、国会はとても重要な地位にあります。国会は、憲法上

■国民の代表機関（43条）
■国権の最高機関（41条）
■国の唯一の立法機関（41条）

という3つの地位を有しています。

国民の代表機関

43条1項は、国会の組織が全国民を代表する選挙された議員で構成されることを定めています。選挙によって国民に選ばれた議員によって構成される機関ですから、国会は全国民の代表機関といえますね。そして、議員は、国民の一部の代表ではなく、全国民の代表として職務を行わなければなりません。例えば、それぞれの議員が選出された選挙区の選挙人や後援団体などの特定の国民の利益を追求するようなことはあってはなりません。議員は、選挙人から独立した地位をもち、何人からも命令されず自主独立して全国民の利益のために職務を行うべきなのです。これは、15条2項で公務員が「全体の奉仕者であって、一部の奉仕者ではない」との規定にも由来しています。

ただ、このような議員の独立性にかかわらず、実際には議員に対する政党の拘束が大きいことは否定できません。政党とは、政治上の主義・主張・政策等を同じくしその実現のために活動する団体です。政党政治の発達した現代では、議員は所属政党の決定に従って行動することにより、国民の意思を反映するための活動を行ってい

す。国民も政党を支持して議員を選ぶことが多くなっていますから、政党の存在は重要な意味をもっているといえます。政党加入や離党は自由ですから、政党による議員の拘束は、国民の代表としての議員の独立性を奪うことにはならないでしょう。憲法には政党の規定はありませんが、法律には政治資金規正法や政党助成法などがあり、政党の存在を前提としていることがわかります。

国権の最高機関

41条は、国会を国権すなわち国家権力の最高機関と定めています。これは、前述のように国会が全国民を代表する地位にあり、その点で主権者である国民に直結しているため、国政の中心的地位を占める重要機関であるという意味です。しかし、他の機関である内閣や裁判所よりも権力があるということではありません。国会は法的には権力分立によって抑制される一機関に過ぎず、「国権の最高機関」という規定から法的意味を導きだすことはできません。したがって、「国権の最高機関」とは、単なる政治的美称（ほめ言葉）に過ぎないと解されています。

ポイント

① 国会
⇒国民の代表者である議員が構成する組織で国政の重要事項を決定する機関
② 国会の地位
⇒憲法上、国民の代表機関・国権の最高機関・国の唯一の立法機関という3つの地位を有している。
　国民の代表機関
　　主権者である国民の代表者によって構成される機関であること。
　国権の最高機関
　　国家権力の最高機関ということ。もっとも政治的美称であるという説が有力である。

ミニテスト

1　国会議員は全国民の代表者であり、選出選挙区や後援団体など一部の国民の代表ではない。
2　国会は、国権の最高機関であるので、内閣や裁判所よりも優位な地位にある。
3　国権の最高機関という規定に法的意味はない。

解答 1　○　2　×　国会は国政の中心的地位を占める重要機関ですが、内閣や裁判所よりも権力があるわけではありません。3　○

052 唯一の立法機関としての国会

「立法」が国会の役割でしたね。

Q 唯一の立法機関ってどういう意味？
A 「唯一」と「立法」の意味に注目して下さい。

国の唯一の立法機関

41条は、国会が国権の最高機関であると同時に「国の唯一の立法機関」であると規定しています。ここで「立法」すなわち法を制定するということの意味を踏まえた上で「唯一」の意味を確認しておきましょう。

立法の意味

「立法」には、形式的意味の立法と実質的意味の立法と2つの考え方があります。形式的意味の立法とは、国法のひとつの形式である「法律」を制定するという意味です。その内容を問わず、「法律」というタイトルの規範をつくること、形式だけを問題にする考え方です。実質的意味の立法とは、タイトルは問題ではなく、その内容が国民の権利義務に直接関係する定めである規範をつくることをいいます。この場合は、法律だけでなく命令も含まれることになります。

41条に規定されている「立法」とは実質的意味の立法と解されています。国会がより広い意味での立法を担う機関であるといえます。

唯一の意味

国会が、国の唯一の立法機関であるとの「唯一」には、国会中心立法の原則と国会単独立法の原則の2つの意味があります。

■国会中心立法の原則

国の立法は、すべて国会を通し国会を中心に行われるとする原則です。すなわち国会が立法権を独占することを意味しています。いいかえれば、国会の意思が及ばない立法は許されないということです。

■国会単独立法の原則

国会の手続のみで立法がなされる、国会以外の機関の関与を必要としないという原則です。

いずれも当然のことのように思われるかもしれませんが、明治憲法下においては、これに反する立法が行われていました。国会中心立法の点では、天皇が議会の議決を経ずに立法する緊急勅令（明治憲法8条）や独立命令（明治憲法9条）などがありました。現憲法では、国会以外の機関による立法は原則、許されません。また、国会単独立法の点では、法律の公布前に天皇の

承認行為を必要とする裁可という手続が認められていました。（明治憲法6条）現憲法下では、もちろん天皇に裁可権はありません。また内閣の発する政令は法律を執行するためのものか、法律の委任に基くものでなければなりません。

このように現憲法においては、2つの原則のもとに国会が唯一の立法機関とされていますが、この原則に対して憲法自身が認める例外があります。

まずは憲法改正手続です。憲法改正も実質的意味の立法手続に含まれますから、原則は国会の議決で行われるべきですが、96条により国民投票が必要になります。また一の地方公共団体の

みに適用される特別法は、その地方公共団体の住民投票が必要です。（95条）

他に議院規則、裁判所規則の制定も例外のひとつです。58条2項に国会の両議院（衆議院・参議院）が、各々その会議の手続内部の規律に関する規則いわゆる議院規則を定めることができると規定されています。77条1項は、最高裁判所が訴訟に関する手続、弁護士、裁判所の内部規律、司法事務処理に関する事項について、規則を定める権限を有すると定めています。

このような明確な規定がない限り、国会が「唯一の立法機関」であるという地位に対する例外は認められません。

ポイント

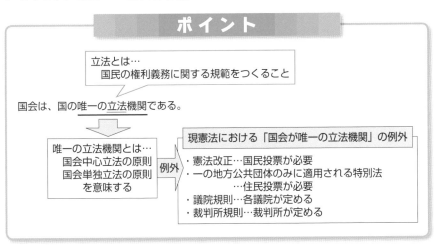

立法とは…
国民の権利義務に関する規範をつくること

国会は、国の唯一の立法機関である。

唯一の立法機関とは…
国会中心立法の原則
国会単独立法の原則
を意味する

例外

現憲法における「国会が唯一の立法機関」の例外
・憲法改正…国民投票が必要
・一の地方公共団体のみに適用される特別法
　　　…住民投票が必要
・議院規則…各議院が定める
・裁判所規則…裁判所が定める

ミニテスト

1　国会中心立法の原則とは、国会が立法権を独占することを意味している。
2　国会は、国の唯一の立法機関であるから、憲法改正も国会の議決のみで決定する。

解答　1　○　2　×　憲法改正には国民投票が必要です。

053 国会の組織

衆議院と参議院があるんだよね。

Q 一つしか院がなかったらどうなるだろう？
A その院の多数党が暴走したら、とめられなくなりますね。

両院制

　国会は、衆議院と参議院という二つの議院で構成されています。(42条) このように議会が二つの議院から成立している場合を両院制または二院制と呼び、一つの議院から成る場合を一院制と呼びます。諸外国の議会では、一院制をとる国も少なくありません。実際、現憲法の基礎となったマッカーサー草案は一院制でした。理論的には、国民の意思を代表する機関は一つで足りるはずですが、両院制にも次のようなメリットがあります。

・一院の多数党の横暴を抑制できる

・議事を慎重に審議できる

・国政の安定に役立つ（一院制は、選挙で多数党が交代すると、政治空白ができやすい）

　このようなメリットを踏まえ、現憲法は、両院制を採用しました。

　両院制の二つの議院は、通常、上院と下院と呼ばれます。下院は、一般国民の直接選挙で選ばれる公選議員で構成され、上院は従来は下院とは異なる組織形態をとっていました。例えば明治憲法の時代は、下院は公選議員で構成される庶民の代表たる衆議院、上院は世襲貴族や官選議員など特権階級の代表からなる貴族院という構成でした。現憲法も同様に両院制ですが、構成は異なります。上院である参議院も下院である衆議院同様、国民の選挙によって選ばれます。現在は、このように上院も公選議員からなることが多くなっています。ただ、同じ公選であっても議員資格、選挙制度、選挙の時期など、選挙の態様に違いをもたせることで、多様な国民の意思が反映しやすいようになっています。

国会議員の選挙制度

　憲法は、両議院の議員及びその選挙人の資格や選挙区、投票方法など選挙に関する事項は法律で定めるとし(44、47条)、詳細は公職選挙法に規定されています。ただし、「人種、信条、性別、社会的身分、門地、教育、財産、収入によって差別してはならない」という選挙の大原則は憲法に定められています。

　衆議院議院と参議院議員の選挙制度の違いをみていきましょう。尚、一般

に衆議院議員選出のための選挙は総選挙、参議院議員選出のための選挙は通常選挙と呼ばれます。

■**被選挙人資格**…衆議院議員は満25歳以上、参議院議員は満30歳以上の日本国民（公職選挙法10条1項）

■**選挙人資格**…衆議院議員・参議院議員選挙とも満18歳以上の日本国民（公職選挙法9条1項）

■**任期**…衆議院議員は4年。但し解散によって任期は終了します。（45条）参議院議員は6年で解散はありませんが3年ごとに半数を改選しますので選挙は3年ごとに行われます。（46条）

■**選挙区**…衆議院議員は、小選挙区選出と比例代表選出があります。小選挙区選出は、定められた選挙区において多数決で一人の議員を選出します。比例代表選出は、国民が政党に投票し、定められた選挙区において各政党の得票数に比例して議席が配分されます。

参議院議員は、選挙区選出と比例代表選出があります。選挙区選出は、都道府県を単位とする選挙区において得票数の多い順に複数の議員を選出します。参議院の比例代表選出は、全国を一つの単位として選挙を行い各政党の得票数に比例して議席が配分されます。

選挙区、議員数などは公職選挙法別表に定められていますが、各選挙区の議員定数に不均衡が生じていることが14条の法の下の平等に反しないか、問題になっています。

ポイント

① 両院制
⇒議会が二つの議院から成立している構成、二院制ともいう。

② 両院制のメリット
⇒多数党の横暴を抑制できる、議事を慎重に審議できる、国政の安定など。

③ 国会議員の選挙
⇒憲法には選挙の平等や各議員の任期などの原則が規定され、選挙人資格や選挙区など選挙方法の詳細は公職選挙法に規定されている。

ミニテスト

1　国会は、衆議院と参議院からなる両院制の構成をとっている。

2　衆議院議員と参議院議員は、いずれも国民の選挙によって選ばれる。

3　国会議員の定数は、憲法に定められている。

解答　1 ○　2 ○　3 × 公職選挙法に定められています。

統治機構

054 国会議員の特権

国会議員になるといいことがありそうな…。

> **Q** 国会議員には特権があるの？
> **A** 議員としての仕事に専念できるよう、歳費受領権・不逮捕特権・免責特権が認められています。

国会議員は全国民の代表として、重要な職責を担っています。そこで議員が自由にその職務を履行できるよう保障するために、憲法上次のような特権が認められています。

歳費受領権

49条は、両院の議員が法律の定めるところにより、国庫から相当額の歳費を受けると定めています。歳費とは、国会議員の受け取る給与のことです。国民の代表といってもボランティアというわけにはいきません。議員にも生活がありますし、経済的困窮から政治活動において特定権力に左右されるようなことがあってはなりませんから、一定の経済的保障が必要なのです。具体的な額や歳費以外の手当等については「国会議員の歳費、旅費及び手当等に関する法律」に定められています。尚、国会法35条にも歳費の規定があり、「議員は一般職の国家公務員の最高の給与額より少なくない歳費を受ける」とされています。ややこしい表現をしていますが、要するに議員に

一定基準以上の歳費を受け取れるように規定しているのです。

不逮捕特権

50条は、議員の不逮捕特権即ち「逮捕されない権利」について規定しています。

国会議員は、**法律の定める場合を除いては、国会の会期中逮捕されません**。また国会会期前に逮捕された議員は、その議院の要求があれば、会期中議員を釈放しなければならないとされています。これは、かつて政治権力をもつ者が反対派の議員を逮捕させてその議員の活動を封じたという経験から生まれた、歴史上古い特権です。この特権により、議員の身体の自由が保障され、議員の職務執行が妨げられないようになると同時に議院の審議権が確保されます。

不逮捕特権の例外である「法律の定める場合」とは、国会法33条に規定があり、「院外における現行犯の場合」と「議員の所属する議院の許諾がある場合」です。現行犯は、犯罪行為が明

108

白で不当逮捕の可能性が少ないために逮捕もやむをえないということでしょう。尚、院内における現行犯の場合は、院が自主的に処置することになります。

免責特権

両議院の議員は、議院で行った演説、討論又は表決について、**院外で責任を問われません。**（51条）「責任」とは、民事・刑事責任のほか、弁護士の懲戒責任等も含まれます。国会で議員が自由に発言し、表決を行うことは国会制度には不可欠であるため、**議員の言論活動の自由を最大限確保**しようと

いうものです。この特権は絶対的なもので、例え議員の発言が名誉毀損にあたる場合でも議員は法的責任を問われません。もっとも、議員の発言はマスメディアを通じて広く伝達されますから、それにより名誉や信用を低下させられた被害者に何の救済手段もないのは問題です。判例は、議員個人の責任は問えないが、国の賠償責任が生じる余地があると判示しています。（最判平9.9.9）

尚、免責特権は、法的責任は免れますが、所属政党からの制裁や国民、支持団体からの政治的・倫理的責任を問われることからは免れません。

ポイント

国会議員の特権…歳費受領権、不逮捕特権、免責特権

	内容	目的
歳費受領権	給与を受ける権利	生活面の保障
不逮捕特権	国会会期中、逮捕されない権利	議院の審議権の確保
免責特権	議院で行った演説、討論、表決について院外で責任を問われない権利	議院の言論活動の自由の確保

⟹ 国会議員が議員としての仕事に専念できるよう、様々な特権が定められています。

ミニテスト

1　国会議員の歳費の額は、憲法に定められている。
2　国会議員は、いかなる場合でも会期中、逮捕されることはない。
3　国会議員は、議院で行った発言が名誉毀損にあたる場合でも損害賠償責任を問われない。

解答　1　× 憲法には額までは規定されていません。
　　　　2　× 院外での現行犯逮捕と所属議院の許諾がある場合には逮捕されます。
　　　　3　○

055 国会の会期

国会っていつでも開かれている気がするけど…？

Q 国会は、いつでも活動しているの？

A 国会は、限られた一定の期間に活動しています。

国会は、内閣や裁判所のように常時活動しているわけではありません。国会が活動できるのは、憲法に定められた限られた期間です。この期間のことを**会期**と呼びます。国会は、会期ごとに独立して活動を行いますので、開かれた順に数えて「第○回国会」と呼ばれて区別されています。憲法では、国会の会期について、**常会・臨時会・特別会**の3種類を規定しています。いずれも内閣の助言と承認により天皇が召集します。（7条2号）

常 会

52条は、国会の常会を毎年一回召集すると定めています。この定期的に召集される会を**常会**または通常国会といいます。常会は、通常毎年1月中に招集され、10日以上前に公布される召集詔書で召集されます。（国会法1条、2条）会期は召集当日から数えて150日間ですが、その間に議員の任期が満了すれば、その時に会期は終了します。（国会法10条）会期は、両議院一致の議決で1回に限り延長することができます。（国会法12条）

常会では主に次の年度における国の予算や予算を実行するために必要な法律案の審議を行います。

臨 時 会

常会のような定期的な会期の他に、必要に応じて臨時に国会を召集することができます。これを**臨時会**または臨時国会といいます。53条は、内閣が、必要に応じていつでも臨時会を召集することができることを定めています。例えば、緊急を要する災害対策のための補正予算や法律案審議を求めるときなどに召集が決定されます。

また、内閣にのみその決定を委ねるのではなく、議会が自主的に集会する方式もあります。53条は、いづれかの議院の総議員の4分の1以上の要求があれば、内閣は臨時会の召集を決定しなければならないとも定めています。尚、臨時会には会期（期間）の定めはなく、両議院一致の議決で決めることになっています。（国会法11条）会期の延長は、常会と異なり2回まで延長することができます。（国会法12条）

憲法の規定による召集の他、国会法

にも臨時会の召集規定があります。衆議院議員の任期満了による総選挙、参議院議員の通常選挙が行われたときは、その任期の始まる日から30日以内に臨時会が召集されます。（国会法2条の3）

特 別 会

特別会とは、衆議院の解散による総選挙が行われた際、その選挙の日から30日以内に召集される国会で（54条1項）特別国会とも呼ばれます。特別会も臨時会と同様、会期（期間）の定めはなく両議院一致の議決で決めることになっており（国会法11条）会期の延長は、2回までです。（国会法12条）

特別会では、召集された日にまず衆議院の議長、副議長の選挙など議院の構成を決めます。また、召集とともに内閣は総辞職しますので（70条）両院において内閣総理大臣の指名が行われます。

このように、国会は限られた一定の期間に開かれるわけですが、実際にはほとんどの期間、いずれかの会期中となっています。例えば、令和4年は次のとおりです。

第208回 （常会）	令和4年1月17日〜 6月15日
第209回 （臨時会）	令和4年8月3日〜 8月5日
第210回 （臨時会）	令和4年10月3日〜 12月10日

ポイント

国会の会期の種類

⇒常会、臨時会、特別会。

常会（通常国会）	毎年定期的に召集される
臨時会（臨時国会）	必要に応じて内閣が召集を決定する
特別会（特別国会）	衆議院の解散による総選挙が行われた後に召集される

ミニテスト

1　国会は、常に開かれ活動できる状態にある。

2　通常国会は、両議院の決定で2回まで延長することができる。

3　臨時国会は、必要に応じて内閣が召集を決定する。

4　特別国会は、衆議院の任期満了による総選挙の後に召集される。

解答　1　× 会期の定めがあります。2　× 通常国会の会期延長は1回までです。
3　○　4　× 衆議院の解散による総選挙の後です。

056 衆議院の解散と参議院の緊急集会

衆議院にだけ解散があるんだったね。

Q 衆議院が解散されるとどうなるの？
A 参議院も閉会となるため、国会の会期は終了します。

衆議院の解散

　解散は、すべての衆議院議員の任期満了前に、議員全員の資格を失わせることです。議院の解散は、衆議院のみに認められるもので、参議院は解散されることはありません。衆議院が解散されると参議院は同時に閉会となり、（54条2項）国会の会期は終了します。そして解散の日から40日以内に、衆議院議員の総選挙が行われ（54条1項）国民の民意を問うことになります。

解散の決定

　衆議院を解散するのは、天皇の国事行為のひとつとされていますが（7条3号）これはあくまでも形式的な公示のみで、天皇が解散を決定するわけではありません。衆議院の解散の決定権は内閣にあります。69条は、衆議院が内閣不信任決議案を可決するか、信任決議案を否決したときは、内閣は衆議院の解散を決定しない限り総辞職しなければならないと定めています。

　内閣に解散決定権があることを前提とした規定です。ここで問題は、69条の「衆議院が内閣不信任決議案を可決するか、信任決議案を否決したとき」以外は、解散を決定できないか、ということです。そうであれば、衆議院からアクションをおこされない限り解散はできないことになります。憲法に明文はありませんが、通説では解散の決定は本条の場合に限定されず、内閣の政治的裁量に委ねられていると考えられています。実際に、過去においても69条以外の要因で内閣独自の判断で衆議院解散が行われてきました。衆議院解散という制度は、国政の重要事項について内閣と国会の意見が異なるときに主権者である国民の判断を仰ぐという民主的性格をもつものです。したがって、解散の決定が69条の場合に限定される必要はありません。

参議院の緊急集会

　衆議院が解散されると、参議院は閉会となりますが、緊急の必要が生じたときは内閣は、参議院の緊急集会を開くことができます。（54条2項）衆議

院解散後に特別国会が召集されること
は前テーマでご紹介しましたが、召集
までには最長70日間の空白が生じる可
能性があります。そこで特別国会の召
集を待つ余裕のないほど緊急性がある
場合のために設けられたのが参議院の
緊急集会です。緊急集会を求める権限
は内閣のみにあります。臨時国会のよ
うに、議員がその召集を求めることは
できませんし、緊急集会で扱われる案
件も内閣が示します。そして議員が発
議できる議案は、内閣に示された案件
に関連のあるものに限られます。（国
会法101条）緊急集会は、あくまで国
会の代行機能を果たすためのもので、
国会ではないのです。したがって、天
皇による召集の必要はなく会期の定め
もありません。また緊急集会で採られ
た措置はあくまで臨時のもので、次の
国会（すなわち特別国会）開会後、10
日以内に衆議院の同意を得られなけれ
ばその効力を失います。（54条3項）

ポイント

① 衆議院の解散

⇒すべての衆議院議員の任期満了前に、議員全員の資格を失わせること。解
散は、内閣が決定する。

衆議院解散となるのは…	根拠
衆議院が内閣不信任決議案可決 →内閣が総辞職しないとき	憲法69条
衆議院が内閣信任決議案否決 →内閣が総辞職しないとき	憲法69条
上記以外の要因で内閣が決定	判例・通説 憲法7条

「内閣の助言と承認により天皇が国事行為として衆議院を解散する」との規定も根拠と考えられています。

② 衆議院の解散により参議院は

⇒閉会となるが、緊急の必要が生じたときは内閣によって緊急集会が開かれ
る。

③ 参議院の緊急集会の効力

⇒次の国会開会後、10日以内に衆議院の同意を得なければ効力は失われる。

ミニテスト

1　衆議院が解散されると、参議院も解散となる。
2　衆議院の解散は、両議院議員の過半数で決定する。
3　参議院の緊急集会で採られた措置は、次の国会開会後10日以内に衆議院の同意を
得なければ効力を失う。

解答　1　×　参議院は閉会となります。2　×　内閣が決定します。3　○

057 国会の議事1

会議の原則についての規定です。

> **Q** 国会ではどのように議事を進行していくの？
>
> **A** 議院の定足数、議決方法など議事に関する規定が憲法に定められています。

議院の定足数

定足数とは、議事を行ったり、議決を行うために必要とする最小限度の出席者数のことです。56条1項は、両議院は、各々その総議員の3分の1以上の出席がなければ議事を開き議決をすることができないとして、議院の議事・議決の定足数をいずれも各議院総議員の3分の1と定めています。出席議員が3分の1に満たない場合は、会議は成立しませんし、何も決定できないということです。ここで「総議員」の意味には二つの考え方があります。一つは、国会法で定められた法定の議員数とする説、もう一つは、法定議員数から死亡、辞職、除名等により欠員となった者の数を差し引いた現在議員数という説ですが、一般には、前者の法定議員数が妥当とされています。それは、3分の1という低い定足数で欠員者を除いてしまうと、相当少数の議員で事を決するということになりかねませんし、法定議員数であれば定足数が常に一定となる、といった理由からです。

議決方法

56条2項は、両議院の議事は、憲法に特別の定めのある場合を除いては、出席議員の過半数でこれを決する、と定めています。総議員の3分の1以上の出席で議事は成り立ち、その出席議員の過半数で議決できるということは、最小で総議員の6分の1超の賛成で議決が可能ということになります。

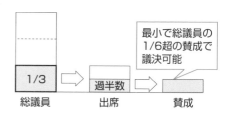

尚、可否同数の場合は、議長が決定します。（56条2項）「出席議員」には、出席しながらも決議において棄権した者や、白票、無効票を投じた者も算入されると解されています。これらの者は結果として反対投票と扱われることになりますので妥当とはいえませんが、算入されなければ欠席扱いとなりそれも不合理な話です。学説の多くは、これらの者も「出席議員」に算入

されるとする説にたっています。

過半数決議の例外にあたる「特別の定」とは憲法に定められた次の場合をさします。

■**出席議員の3分の2以上で議決**

55条　議員の資格争訟の裁判により議席を失わせる場合

57条1項　秘密会を開く場合

58条2項　議員を除名する場合

59条2項　法律案を再議決する場合

■**各議院総議員の3分の2以上で議決**

96条1項　憲法改正の発議

各々の内容は、後ほどご紹介しますが、いずれも通常の議決よりも厳格に行われるべき手続であり、特に規定されたものです。

会議の公開

両議院の会議は、**公開が原則**です。

（57条1項）そして会議の記録を保存して公表し、一般に頒布しなければならないと定めています。（57条2項）また、出席議員の5分の1以上の要求があれば、各議員の表決を会議録に記載しなければなりません。（57条3項）国民がその代表者である議員の国会での活動を知りたいと思うのは当然のことでしょう。国民は会議を傍聴できますし、新聞やTVなどの報道によっても内容を知ることができます。

公開原則の例外として、出席議員の3分の2以上の多数で議決した場合は、秘密会を開くことができます。（57条1項）この場合は会議は非公開となりますが、その記録は特に秘密を要すると認められるもの以外は、原則どおり公表されます。（57条2項）

ポイント

① 両議院の議事・議決の定足数
　　⇒各議院の総議員の3分の1以上の出席が必要。
② 両議院の議事の議決
　　⇒原則、出席議員の過半数で決する。
③ 会議の公開
　　⇒両議院の会議は公開が原則で、会議録も公表される。

ミニテスト

1　衆議院の議事を開くには、衆議院議員総議員の3分の1以上の出席が必要である。
2　両議院の議事はすべて、出席議員の過半数で決する。
3　両議院の表決は可否同数の場合は、議長が決定する。

解答　1 ○　2 × 議決方法が異なるものもあります。　3 ○

058 国会の議事2

引続き、国会の議事に関する制度を確認していきましょう。

> **Q** 大勢の議員で話し合っても、なかなか結論がでないのでは？
>
> **A** 委員会という組織であらかじめ専門的な調査や審議が行われています。

国務大臣の議院出席

当然のことながら、衆議院には衆議院議員が、参議院には参議院議員が出席して議事を行います。ところが各院の議員でなくても、この場に出席し発言できる者がいます。それは内閣総理大臣、その他の国務大臣です。国務大臣は国会議員ではない場合もありえますので、63条は「両議院の一に議席を有すると有しないとにかかわらず、いつでも議案について発言するため議院に出席することができる。」と規定しています。大臣は議席の有無に係わらず、いつでも議院に出席することができるのです。ただし出席も欠席も自由というわけではありません。答弁や説明のために出席を求められたときは、出席しなければならないとされています。（63条後段）

委員会制度

現在の国会は委員会中心主義によって運営されています。明治憲法下では本会議（両議院の会議）中心主義でしたが、戦後、アメリカの国会制度にならった委員会中心主義へと変わりまし

た。委員会とは本会議の議決の前に、あらかじめ政策の分野ごとに専門的な調査と審議をする機関です。委員会中心主義のもとでは、実質的には委員会の審議が国会での議案の成否を左右することになるといえるでしょう。

各議院の委員会には、会期中、常に設置される常任委員会と特に必要があるときに設けられる特別委員会の2種類があります。（国会法40条）予算委員会などはニュースでもよく耳にする常任委員会の一つです。他に内閣委員会、総務委員会、法務委員会などもありますね。どんな常任委員会があるかは、衆議院、参議院ごとにその種類が国会法に定められています。常任委員会の委員は会期のはじめに議院において選ばれ、議員は少なくとも一つの常任委員会の委員になります。（国会法42条）

両院協議会

国会の議決は、原則として衆議院・参議院両院での議決の一致が必要です。それでは、両議院の議決が異なる場合は、どうするのでしょう。その場合、両院の調整のために設けられる両

院協議会という機関があります。両院協議会の委員は、各議院で選挙された10人の議員（合計20人）で構成され（国会法89条）両院間の意見調整を行います。予算、条約の承認、内閣総理大臣の指名などの重要案件は、両議院の議決が異なるとき必ず開かれますが、（60条2項、61条、67条2項）法律案の制定については、両院協議会の開催は衆議院の判断にまかされています。（59条3項）

会期不継続の原則

国会は、会期ごとに独立して活動を行いますので、法案などの審議も原則会期ごとになります。会期中に議決に至らなかった案件は、後会（次の国会）に継続しません。（国会法68条）勿体無いことですが、廃案となるわけですね。これを会期不継続の原則といいます。

但し、例外があります。議院が議決で特に委員会へ付託した案件については、常任委員会及び特別委員会は、国会閉会中も審査することができ（国会法47条2項）これらの審査は後会に継続されます。（国会法68条ただし書）

ポイント

① 委員会制度
⇒本会議の議決の前に、あらかじめ政策の分野ごとに専門的な調査と審議をする機関。常任委員会と特別委員会がある。

② 両院協議会
⇒両議院の議決が異なるときに、両院の調整のために設けられる機関。

③ 会期不継続の原則
⇒会期中に議決に至らなかった案件は、後会に継続せず廃案となる。但し、議院が議決で特に付託した案件は、委員会で継続審査し、後会へ継続することができる。

ミニテスト

1 国務大臣は、議院に議席がなくても議案について発言するため議院に出席することができる。
2 衆議院・参議院の議決が一致しないときは、必ず両院協議会が開かれる。
3 会期中に議決に至らなかった案件は、すべて後会に継続される。

解答 1 ○ 2 × 法律案については開催は任意です。
3 × 原則、廃案となります。

059 国会の権能～法律案の議決

国会は「法律をつくる」ことが仕事だったよね。

> **Q** 国会は具体的には、何ができるの？
>
> **A** 法律の制定の他、予算の議決、条約の承認といった重要な権限があります。

国会の権能としては、憲法上以下の6つが定められています。

① 法律案の議決（59条）

② 予算の議決（60条）

③ 条約の承認（61条）

④ 弾劾裁判所の設置（64条）

⑤ 内閣総理大臣指名（67条）

⑥ 憲法改正発議（96条）

ここでは、①～④の内容について順次紹介していきます。⑤⑥は後述のテーマ（⑤は内閣のテーマ、⑥は憲法改正のテーマ）でそれぞれ説明します。

法律案議決の原則

まずは内閣か議員が法律案を国会に提出します。法律案の提出は衆議院、参議院いずれに先に出してもよいことになっています。提出された法律案について各議院で順番に審議が行われます。法律案は憲法に**特別の定めがある場合を除いては、両議院で可決したとき法律となります。**（59条1項）衆議院、参議院両院が同一の法律案を可決したときに法律として成立するのです。これが原則です。では、その例外とされている「特別の定め」とは何で

しょう。それは

■衆議院のみで成立する

■参議院のみで成立する

■衆参両議院で可決しても成立しない

場合に分けられます。

衆議院のみで成立

まず、「衆議院のみで成立する場合」とは、59条2項の衆議院による再議決の場合です。衆議院で可決し、参議院が衆議院と異なる議決をした場合は、**衆議院で出席議員の3分の2以上の多数で再議決した場合に法律案は法律となります。**衆議院が参議院に優越する権限の一つです。参議院がどんな議決をしても、衆議院だけで法律を制定することができるのです。

それでは参議院が議決を拒否する作戦に出たらどうでしょう。これにも方法があります。59条4項は、参議院が衆議院の可決した法律案を受け取った後、60日以内に議決しないときは衆議院は「参議院が法律案を否決した」とみなすことができると定めています。そうなると参議院は「衆議院と異なる議決」をしたことになりますから、あ

とは59条 2 項の再議決の措置をとれ
ば、法律を制定することができます。
尚、60日という期間は国会休会中の期
間は除かれます。先のテーマで両院の
意見が対立したときに両院協議会とい
う機関が登場することを述べました、
法律案の場合も両院協議会を開いて議
論することができます。ただ、開催す
るか否かは衆議院の判断に任されてお
り、やはりイニシャティブは衆議院に
あるといえるでしょう。

参議院のみで成立

　次に「参議院のみで成立する場合」
とは、既にご紹介した衆議院解散後の
参議院の緊急集会の場合です。衆議院
は解散、参議院は閉会で国会の審議は
できませんが、**緊急の場合は参議院の**
緊急集会ですなわち参議院の可決のみ
で法律を制定することができます。た
だし、あくまでも緊急の必要がある場
合のみであること、また後日衆議院の
同意が必要となる点から、先ほどの衆
議院のみで成立する場合ほど強力なも
のではありませんね。

衆参両議院で可決しても成立しない

　最後に、「衆参両議院で可決しても
成立しない場合」です。これは、特定
の地方公共団体だけに適用される特別
法の場合です。国会の議決だけでな
く、その適用を受ける地方公共団体の
住民投票で過半数の同意が必要とされ
ています。（95条）住民の自主性を重
視しようとするものです。

ポイント

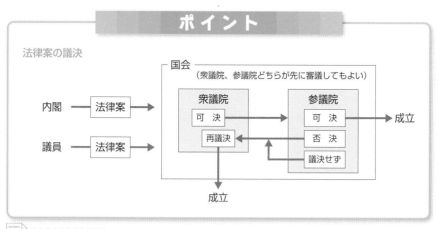

法律案の議決

国会（衆議院、参議院どちらが先に審議してもよい）

内閣 → 法律案 →
議員 → 法律案 →

衆議院　可決／再議決
参議院　可決／否決／議決せず

→ 成立

成立

ミニテスト

1　法律案は、原則として、両議院で可決したときに法律となる。
2　法律案議決で両議院の意見が異なるときは、両院協議会を開かなければならない。

解答　1 ○　2 ×　両院協議会の開催は任意です。

060 国会の権能～予算の議決

法律の制定以外にも大事な仕事があるんだね。

Q 他にはどんな権能があるの？

A 予算の議決も重要な権能です。

予算の議決の重要性

　予算とは、一般には一定期間における収入支出の見積を意味しますが、国の予算となるとそればかりではなく、支出や債務負担の権限をも与えるものです。国家活動のほとんどすべてが財政的基礎を必要としますから、予算議決権は国家活動をコントロールする重要な権能といえます。

予算の先議権

　予算の原案は内閣が作成し国会に提出しますが、先に衆議院に提出しなければなりません。（60条1項）先に提出するとは、審議・議決が先に行われることを意味します。これを先議権と呼びます。法律案の議決には、先議権の規定がなかったことと比べてみてください。法律案は、衆議院、参議院どちらから審議してもよかったのですが、予算は必ず衆議院で先に審議・議決され、その後に参議院に送られます。衆議院が参議院に優越する権限の一つです。

予算の議決における衆議院の優越

　予算審議においても原則は、両議院で可決したときに成立しますが、ここでも両院の議決が一致しない場合の規定があります。予算については、参議院で衆議院と異なった議決をした場合、まずは両院協議会が開かれます。法律案のときは、両院協議会の開催は衆議院の判断に任されていましたが、予算の場合は必ず開かれます。そして両院協議会でも意見が一致しないときは、衆議院の議決が自動的に国会の議決とされます。（60条2項）法律案のように再議決する必要はありません。

　また、参議院が衆議院の可決した予算を受け取った後、30日以内（国会休会中の期間は除く）に議決しないときも衆議院の議決が自動的に国会の議決とされます。（60条2項）この場合は、両院協議会の開催は不要です。

　予算は、先に述べたように国家活動の基礎となるものですから、法律案よりも迅速に決定できるような仕組になっています。

条約の承認

　予算の議決方法によく似た条約の承認の議決もみておきましょう。条約とは、文書による国家間の合意です。条約の締結は内閣の権能とされていますが、締結に際して国会の承認を経る必要があるとされています。（73条3号）この国会の承認については、予算の議決の規定60条2項が準用されていますので（61条）、次のようになります。

　条約の承認について、参議院で衆議院と異なった議決をした場合、まずは両院協議会が開かれます。そして両院協議会でも意見が一致しないときは、**衆議院の議決が自動的に国会の議決とされます**。また、参議院が衆議院の可決した条約案を受け取った後、30日以内（国会休会中の期間は除く）に議決しないときも衆議院の議決が自動的に国会の議決とされます。予算の議決と同じですね。尚、60条1項（予算の先議権）は条約の承認には準用されていませんから、国会への提出は衆議院、参議院どちらが先でもよいことになります。

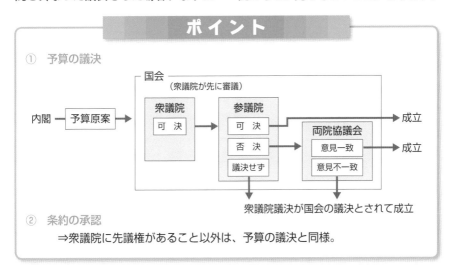

ポイント

① 予算の議決

② 条約の承認
　⇒衆議院に先議権があること以外は、予算の議決と同様。

ミニテスト

1　予算は、参議院、衆議院どちらに先に提出してもよい。
2　予算について両院で異なった議決をした場合は、両院協議会が開かれる。
3　予算について両院で異なった議決がされ、両院協議会でも意見が一致しないときは、衆議院での再議決により予算は成立する。
4　条約の承認は、参議院先議でもよい。

解答　1　×　衆議院に先議権があります。2　○　3　×　この場合自動的に衆議院の議決が国会の議決となるので、再議決は不要です。4　○

061 国会の権能～まとめ

法律も予算も条約承認も、議決方法はよく似ていますね。

Q どこが違うのかよくわからない…。

A 表に整理して比較するとよくわかりますよ。

法律・予算・条約承認の議決方法

　ここまでの法律案の議決・予算の議決・条約の承認は、国会の権能の中でも主要なものですし、手続に類似の規定が多いのでその違いを整理しておきましょう。いずれにも衆議院優位の規定があるのは、任期が短く解散がある衆議院が参議院より民意を反映しやすい機関であるからです。

	法律案の議決	予算の議決	条約の承認
憲法条文	59条	60条	61条 （60条2項準用）
先議権	規定なし（衆議院・参議院どちらが先でもよい）	衆議院に先に提出しなければならない	規定なし（衆議院・参議院どちらが先でもよい）
議決原則	両院の可決	両院の可決	両院の可決
両院で異なる議決がされたとき	①衆議院の判断で両院協議会が開かれることもある（両院協議会は任意）②衆議院で出席議員の3分の2以上の多数で再び可決されると法律となる	両院協議会が開かれる（両院協議会は必要的）↓両院協議会で一致しないときは、衆議院の議決が国会の議決となる	両院協議会が開かれる（両院協議会は必要的）↓両院協議会で一致しないときは、衆議院の議決が国会の議決となる
参議院が衆議院の可決した議案を受け取った後、30日以内に議決しないとき	規定なし	衆議院の議決が国会の議決となる	衆議院の議決が国会の議決となる
参議院が衆議院の可決した議案を受け取った後、60日以内に議決しないとき	衆議院は、参議院が法律案を否決したものとみなすことができる→「両院で異なる議決がされたとき」の手続に進む	規定なし	規定なし

> 「法律の議決」「条約承認」には、先議権の規定はありません。

> この場合「予算の議決」「条約の承認」では、必ず両院協議会が開かれます。

> 「法律案の議決」では衆議院の再議決が必要ですが、「予算の議決」「条約の承認」では、自動的に成立します。

> 自動的に成立するわけではありません

> 「予算の議決」「予約の承認」は、先議権の規定以外は同じです。

それでは、4番目の国会の権能です。

弾劾裁判所の設置

国会は、罷免の<u>訴追</u>を受けた裁判官を裁判するため、両議院の議員で組織する**弾劾裁判所**を設けることができます。(64条) 罷免とは、本人の意思に反して職を免ずることです。国会が裁判所を設置するというのは、統治の大原則である「権力分立」に反するように思われますが、裁判官の裁判を当事者である裁判所が行うわけにいきませんよね。そこで裁判官弾劾制度は、国民の代表機関である国会の関与の下に運営されることになったのです。裁判所に対する国会の抑制の一手段ともいえます。

ただし国会が行うのは弾劾裁判所を設置することだけで、裁判は弾劾裁判所の権限で行われます。弾劾裁判所は国会の機関ではありません。弾劾に関する事項は、裁判官弾劾法という法律に詳細が定められています。

ポイント

① 法律案・予算・条約の承認の議決
⇒原則は両院可決によるが、異なる議決がなされたときや先議権の規定は民意を反映しやすい衆議院に優位になっている。

② 弾劾裁判所
⇒罷免の訴追を受けた裁判官を裁判するため、国会が設置する裁判所。両議院の議員で組織される。

ミニテスト

1　法律案を衆議院が可決した後、参議院が否決した場合は必ず両院協議会が開かれる。
2　予算については、衆議院の議決のみで成立することもある。
3　参議院が衆議院の可決した法律案を受け取った後、一定期間議決しないときは衆議院の議決が国会の議決となる。
4　法律案の議決は、先に衆議院に提出しなければならない。
5　予算の議決は、参議院が衆議院の可決した議案を受け取った後30日以内に議決しないときは、衆議院の議決が国会の議決となる。
6　国会は罷免の訴追を受けた裁判官を裁判するため、弾劾裁判所を設置することができる。

解答　1　× 開催は任意です。2　○　3　× 参議院が否決したものとみなされます。
4　× 法律案の議決には先議権の規定はありません。
5　○　6　○

062 議院の権能〜自律権

衆議院だけ（あるいは参議院だけ）で、できることもあるのかな？

Q 各議院にも独自の権能があるの？

A 他の議院から干渉を受けずに行えるものもあります。

　各議院が、内閣・裁判所など他の国家機関や他の議院から干渉を受けずに単独で行うことができる権限には次のようなものがあります。いずれも条文では、「両議院は、各々……」から始まり、各議院の権能であることが規定されています。

①議員の資格争訟の裁判（55条）

②議院の役員の選任（58条1項）

③議院規則の制定・議員の懲罰（58条2項）

④国政調査権（62条）

　①〜③は、議院の組織や運営に関する自律権についての規定です。一つずつ確認していきましょう。

議員の資格争訟の裁判

　両議院は、各々その議員の資格に関する争訟を裁判します。（55条）議員の選挙に関する争訟は本来、裁判所で行いますが、ここで問題にしているのは議員の資格を備えているか否かという判断です。44条は、議員の資格は法律で定めるとしており、公職選挙法、国会法にその資格要件の規定があります。この資格を議員が有しているかど

うかを裁判する権利は、その議員の所属する各議院の権能とされています。具体的には、法定の被選挙権があるかどうか（年齢、欠格事由など。公職選挙法10,11条）、兼職を禁じられた公職についていないか（憲法第48条、国会法39条）、などが議院の自律的な審査に委ねられます。尚、議員の資格（議席）を失わせるには、出席議員の3分の2以上の多数による議決を必要とします。（55条ただし書）これは、テーマ057「国会の議事1」で記述したとおり、出席議員の過半数で決するという一般の決議要件よりも、厳しい要件となっています。

議院の役員の選任

　両議院は、各々その議長その他の役員を選任します。（58条1項）「議長その他の役員」の範囲は、憲法上明らかにされていませんが、議院の運営における重要な地位にある職員を意味すると考えられるでしょう。国会法16条には、各議院の役員は、議長、副議長、仮議長、常任委員長、事務総長と定められています。

議院規則の制定・議員の懲罰

　両議院は、各々その会議その他の手続及び内部の規律に関する規則、いわゆる議院規則を定めることができます。（58条2項）議員の資格争訟の裁判や役員選任同様、議院の自主性を重んじる規定です。それぞれの議院が、憲法や法律の範囲内で会議の進め方や議事について自主的に規則を制定することができます。国会が「国の唯一の立法機関」であるとの原則に対する例外です。（テーマ052「唯一の立法機関としての国会」）

　また両議院は、各々院内の秩序をみだした議員を懲罰することができます。（58条2項）懲罰とは、議院がその自主性に基いた秩序を維持し円滑な運営を図るために、議員に科せられる一定の制裁のことです。国会法122条は、公開議場における戒告・陳謝、一定期間の登院停止、除名の4種類の懲罰を規定しています。このうち、除名には、出席議員の3分の2以上の多数による議決が必要となります。（58条2項ただし書）これも議員の資格争訟の裁判で議席を失わせる場合と同様、議院の議決要件原則の例外です。

第4編 統治機構

ポイント

① 議員の資格争訟の裁判
　　⇒議員の資格要件の裁判を行う。議員の議席を失わせるには、出席議員の3分の2以上の多数による議決が必要

② 議院規則
　　⇒各議院が、会議の進め方や議事について自主的に制定する法

③ 議員の懲罰
　　⇒各議院は、院内の秩序をみだした議員を懲罰することができる。議員を除名するには、出席議員の3分の2以上の多数による議決が必要

ミニテスト

1　議員の資格争訟の裁判は、裁判所で行われる。
2　議員の資格争訟の裁判で議員の議席を失わせるには、出席議員の3分の2以上の多数による議決が必要である。
3　議院規則は、両議院の可決で制定される。
4　院内の秩序をみだした議員の懲罰として議員を除名する場合は、出席議員の過半数の議決が必要である。

解答　1 × 各議院で行われます。2 ○　3 × 各議院の権能です。
　　　　4 × 出席議員の3分の2以上の議決が必要です。

063 議院の権能～国政調査権

各議院の権能として最後に紹介するのは、国政調査権です。

Q 国勢調査…？

A 国政調査です。

国政調査権の意義

各議院が、立法・行政・司法を含む国の政治全般について調査を行う権限を国政調査権といいます。調査の方法としては、証人の出頭や証言、そして記録の提出を要求することができるとされています。（62条）いわゆる証人喚問や参考人招致は国政調査権の一種で関係者に出頭や証言を求めるものです。また、個人ばかりでなく行政機関や民間企業に対し、報告や記録の提出を求めることもできます。国政調査権とはこのように強力な権限をもつものですが、この調査権は国政のいかなる事項にも適用されるのでしょうか。

ここで国政調査権の性質が問題になってきます。国政調査権の法的性質には、それが国会の他の権能とは独立の権能であるという説と既に国会の与えられた権能（立法権や行政の監督権など）を実効的に行使するために認められた補助的権能であるとする説があります。前者は国会が国権の最高機関であるとの性質に基くもので、この説の立場では調査権は国政のあらゆる範囲に及ぶことになります。後者の立場で

は、その範囲はある程度限定されることになります。この2説については、昭和24年の浦和事件で激しく議論されました。この事件は、子どもを殺して自首した母親に対する浦和地方裁判所の量刑に対し、参議院法務委員会が調査し量刑が不当であるとの決議を行った事件です。最高裁判所はこれに対し「司法権の独立を侵害し、国会に許された国政調査の範囲を逸脱する」として激しく抗議し、学説の多くも最高裁を支持しました。そこで国政調査権は補助的権能であると考えるのが通説となっています。したがって、国会の権能と無関係の事柄まで調査をすることはできません。

国政調査権の限界

国政調査権を補助的権能と考えれば調査の目的は、国会の権能である立法、予算審議、行政監督などを行使するために必要な範囲でなければなりません。そして「権力分立」の原則からいっても他の機関の権限を侵すことはできません。また、人権との関係からも制約があります。国政調査権が司法

権や人権との関係においてどのような制約があるのかみていきましょう。

治的責任の追及と役割が分かれているということですね。

国政調査権と司法権との関係

司法権の独立という観点から、裁判官が裁判をなすにあたって他の国家機関から重大な影響を受けることは禁じられます。そう考えれば、現に進行中の裁判事件について調査を行うことはできませんし、確定した裁判でもその内容を批判するような調査はできないと考えられています。ただし、審理中の事件の事実を裁判所と異なる目的（立法目的、行政監督目的など）で並行して調査することは可能です。裁判所は法的責任の追及、国政調査権は政

国政調査権と人権との関係

国民の思想の自由やプライバシーといった基本的人権を侵害するような調査が許されないのは当然のことです。例えば、思想の露顕を求めるような質問に対しては、証言を拒絶することができますし、38条の黙秘権は国政調査権にも適用されると考えられています。また、国政調査権の性質からいって調査の上で住居侵入、捜索、押収、逮捕のような刑事手続上の強制力は認められないとされています。（札幌高判昭30.8.23）

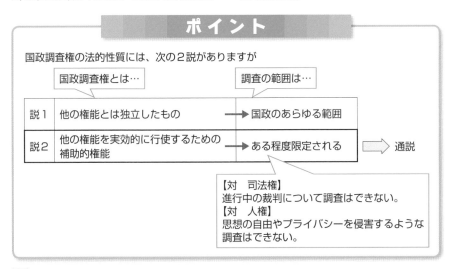

ポイント

国政調査権の法的性質には、次の2説がありますが

	国政調査権とは…	調査の範囲は…
説1	他の権能とは独立したもの	➡ 国政のあらゆる範囲
説2	他の権能を実効的に行使するための補助的権能	➡ ある程度限定される

➡ 通説

【対　司法権】
進行中の裁判について調査はできない。
【対　人権】
思想の自由やプライバシーを侵害するような調査はできない。

ミニテスト

1　両議院は、各々国政に関する調査権をもつ。
2　国政調査権の法的性質を補助的権能であると考えると、調査の目的は限定される。

解答　1 ○　2 ○

064 行政権の概念

ここからは「行政」です。

> **Q** 立法は国会、行政は…？
> **A** 行政を担う国家機関は内閣です。

　ここからは、ふたつめの統治機構である内閣について説明していきます。権力分立の仕組で学んだように、内閣は行政を担う国家機関であり、国会や裁判所と互いに牽制しあっています。明治憲法においては、天皇が広く行政権を行使し、憲法には内閣の規定すらありませんでした。現在の憲法においては第5章を内閣の章とし、内閣を行政権の主体としてその地位と組織についての規定がおかれています。本章の最初の条文である65条では「行政権は内閣に属する」と定められています。まずは、この行政権の概念について確認しておきましょう。

定義をすることはできないと一般には考えられています。そこで、「法を定立する立法作用」と「争いに法を適用して裁定する司法作用」を除いた、残りの国家の働きすべてが行政であると、行政権を消去法的に考えるのが適当とされています。これを控除説または消極説と呼んでいます。

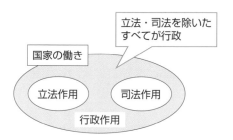

国家の働き

立法・司法を除いたすべてが行政

立法作用　司法作用

行政作用

行政権の概念

　国家作用のうちで、最も大きな組織を必要とし、広い範囲の活動を行うのが行政です。とくに現代の福祉国家では、国民生活全般を通じて積極的な施策や配慮が求められていますからその業務は多岐に渡ります。行政権の概念を積極的に定義しようとする考え方もありますが、それは行政の特徴を示す程度で多様な行政活動すべてを捉えた

独立行政委員会の存在

　行政権の概念を先の控除説の立場で考えると、その範囲は相当幅広く複雑なものになります。それらをすべて内閣が処理することには自ずと限界があり、業務の性質上不適当な場合もあります。そこで、特定の行政に関して内閣から独立して活動することを認められた合議制の行政機関が設けられています。いわゆる独立行政委員会です。

人事院や公正取引委員会、国家公安委員会などがこれにあたります。これら独立行政委員会は、戦後に生まれた新しい行政機関で人事・警察・行政審判など政治的中立性が必要とされる行政を行います。これらは内閣または内閣総理大臣の所轄下にあるとされながら、職務の性質から内閣の指揮を受けません。そうなると独立行政委員会の存在は、「行政権が内閣にある」とする65条に違反しないのでしょうか。この点については、次のように考えて委員会の立場は合憲であるとされています。それは65条は、内閣が行政全般に統括権を持つことを意味するが、すべての行政に対し直接指揮監督することまでも要求しているわけではないとの考え方です。これは、65条「行政権は、内閣に属する。」がすべての行政

権とはされていないことを根拠としています。41条が国会を「国の唯一の立法機関」とし、76条が「すべて司法権は……裁判所に属する」との規定をおいているのと比較してみましょう。また、判例でも「本条（65条）は例外的に内閣以外の国家機関に行政の一部の行使を禁ずるものではない」として内閣から独立した立場にある人事院を65条に反しないとしました。（福井地判昭27.9.6）そして内閣の指揮監督から独立していても、最終的に国会の統制が可能であれば独立行政委員会は合憲と解されています。

　なお、憲法上、内閣から独立した行政機関として会計検査院がありますが（90条）こちらは後ほど、財政のテーマで説明します。

ポイント

① 行政権
　　⇒国家作用から立法と司法を除いた残りのすべての作用と考えられている。
② 独立行政委員会
　　⇒特定の行政に関して内閣から独立して活動することを認められた合議制の行政機関

ミニテスト

1　行政権は、国会に属する。
2　判例の立場では、65条が内閣以外の国家機関に行政権の行使を禁ずるものではないとしている。
3　独立行政委員会は、内閣や内閣総理大臣の所轄下にあるが、内閣の指揮監督下にはない。

解答　1　× 内閣に属します。2　○　3　○

第4編　統治機構

129

065 内閣の組織

内閣の存在はもちろん知っているけど…。

Q 内閣の組織構成はどうなっているの？

A 内閣は、内閣総理大臣と国務大臣で組織される合議体です。

内閣の構成

内閣は、**首長たる内閣総理大臣とその他の国務大臣で組織され**、その詳細は法律で定められています。（66条1項）この内閣に関する法律には、内閣法があります。内閣法2条は、内閣が国会の指名に基いて任命された内閣総理大臣と内閣総理大臣に任命された国務大臣をもって組織すると規定されており、国務大臣の数も内閣法に定められています。一般に内閣の構成員を「閣僚」、内閣の会議を「閣議」と呼んでいます。

各大臣は、内閣の閣僚であると同時に行政事務を分担管理する**主任の大臣**となります。（内閣法3条1項）○○省の大臣ということですね。ただ、行政事務を分担管理しない大臣をおくこともできます。（内閣法3条2項）これは**無任所大臣**と呼ばれています。

閣僚の資格

66条2項は、内閣総理大臣その他の国務大臣は、**文民でなければならない**と定めています。文民とは、civilianの訳語で本来の意味は、非軍人という

ことで、政治から軍国主義を排除しようとする趣旨から規定されたものです。もっとも、我が国は9条の平和主義によって一切の戦力をもたないのですから、現在の日本には軍人は存在しないことになりますね。そう考えると無駄な規定のように思えますが、実際には文民には様々な解釈があるのです。非軍人すなわち「現在軍人でない者」の他に、「過去に軍人の経歴がない者」、「軍国主義思想ではない者」をさすといった説もあります。また、9条によっても自衛のための戦力は保持できると考えれば（テーマ**014**「平和主義～戦争の放棄」）自衛官は現在軍人であり国務大臣にはなれない、とも考えられます。

もうひとつの閣僚の資格は、国会議員としての地位です。内閣総理大臣は、**国会議員の中から国会の議決で指名する**（67条1項）とありますから、国会議員でなければなりません。その他の国務大臣は、**過半数は国会議員の中から選ばれなければならない**（68条1項ただし書）とされていますので、全員が国会議員である必要はありません。

閣　議

　内閣は閣議の決定によって、その職務を行います。閣議は内閣総理大臣が主宰し、内閣の重要政策に関する基本的な方針やその他の案件を発議することができる場です。また、その他の国務大臣も案件を内閣総理大臣に提出して閣議を求めることができます。（内閣法4条2項・3項）

　閣議の議事方法には明文の規定はなく、慣習によって行われています。原則として定足数については、**閣僚全員が出席**すること、議決方法については**全員一致**によること、とされています。閣議は非公開で、その内容については高度の秘密が要求されます。

内閣の責任

　内閣は行政権の行使については、国会に対し連帯して責任を負います。（66条3項）この責任は、内閣を組織するすべての国務大臣が一体として負う連帯責任ですから、内閣は統一した意思で行動しなければならず、閣議決定が全員一致でなければならないのはこのためです。この場合、内閣が負う責任とは、法的なものではなく、政治的責任（辞職など）であるとされています。

　この内閣の国会に対する責任規定は、我が国の議会と政府の関係が議院内閣制であることをあらわしています。本条の他にも67条内閣総理大臣の指命、68条国務大臣の任命、69条衆議院の内閣不信任などの規定から憲法が議院内閣制を採用していることがわかります。

ポイント

① 内閣の組織
　⇒内閣総理大臣とその他の国務大臣で組織される。
② 内閣総理大臣の資格
　⇒文民であり、国会議員であることが必要
③ その他の国務大臣の資格
　⇒文民であり、過半数は国会議員であることが必要

ミニテスト

1　内閣は、内閣総理大臣とその他の国務大臣で組織される。
2　内閣総理大臣とその他の国務大臣は全員、国会議員でなければならない。
3　内閣は行政権の行使について、国会に対し連帯して責任を負う。

解答　1　○　2　×　国務大臣は、過半数が国会議員であればよいとされています。
3　○

066 内閣総理大臣

行政のトップですね。

Q 内閣総理大臣はどうやって決まるの？
A 国会議員の中から国会の議決で指名されます。

　内閣総理大臣は、内閣という合議体の首長です。（66条1項）憲法は、後に紹介するような強力な権限を内閣総理大臣に与え、他の国務大臣よりも上位の地位においています。内閣総理大臣の地位を強固なものにしたのは、内閣の統一性を確保し国会に対する内閣の連帯責任の強化を図るためです。

　内閣総理大臣に事故があったり、病気で執務を行えないときなどは、予め指定された国務大臣が臨時代理として職務を行います。（内閣法9条）

内閣総理大臣の指名

　内閣総理大臣は、国会議員の中から国会の議決で指名され（67条1項）その指名に基いて天皇が任命します。（6条1項）天皇の任命は形式的な手続ですから、内閣総理大臣の実質的決定権は国会にあります。そしてその指名は、他のすべての案件に先立って行われます。（67条1項）「国会議員の中から」指名されるのですから衆議院議員、参議院議員、誰にでもそのチャンスがあるわけですが、慣例では衆議院で最多数の議席をもつ政党の党首が指

名されます。衆議院に次のような優越があるからです。

　衆議院と参議院が異なった指名の議決をしたときはまず両院協議会が開かれますが、そこでも意見が一致しないときは、衆議院の議決が自動的に国会の議決となります。（67条2項）予算や条約の承認の議決の場合と同じですね。法律案の議決のように、衆議院で再議決する必要はありません。また、衆議院が指名の議決をした後、国会休会中の期間を除いて10日以内に参議院が指名の議決をしないときも衆議院の議決が国会の議決となります。予算や条約の承認の議決の場合は、30日以内であったことと比較してください。内閣総理大臣の指名がより重要な議決事項であり、迅速に決定する必要があることを示しています。

　このように内閣総理大臣の指名に関して、衆議院の優越が認められていますが、先議、後議の区別はなく予算の議決のように衆議院に先議権があるわけではありません。

内閣総理大臣の権能

内閣総理大臣は、内閣の首長としての地位を裏付ける権能として、**国務大臣の任免権**（68条）、**国務大臣に対する訴追の同意**（75条）、**行政各部の指揮監督権**（72条）などが与えられています。国務大臣の任免、すなわち任命・罷免は内閣総理大臣の専権事項であり閣議に諮る必要もありません。任命については、先に説明した資格（文民であり、過半数が国会議員）を満たせば誰を選任してもいいのです。罷免については何ら制限はありません。

国務大臣は在任中、内閣総理大臣の同意がなければ訴追されません。（75条）内閣に対する検察機関による不当な圧迫を防ぎ、訴追が慎重に行われるための規定です。但しこのために訴追の権利は害されない（75条ただし書）とされていますから、同意が得られなかったときから公訴時効は停止すると解されています。

他に内閣を代表して議案を国会に提出したり、一般国務・外交関係について国会に報告するという**内閣の代表としての権能**（72条）や**法律・政令の連署**（74条）などがありますが、これらはいずれも内閣総理大臣の首長的地位を確保し内閣の統一性をはかろうとする趣旨の規定です。

ポイント

内閣総理大臣の指名

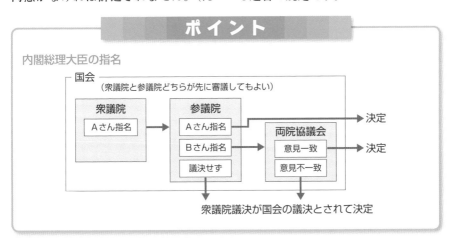

1 　内閣総理大臣は、憲法上はその他の国務大臣と平等の関係にある。
2 　両議院が、内閣総理大臣の指名について異なった議決をしたときは両院協議会が開かれる。
3 　内閣総理大臣は、閣議の決定を経て国務大臣を罷免することができる。

解答 　1 × 首長の地位が与えられています。2 ○ 　3 × 任意に罷免できます。

067 内閣の権能 1

今度は、内閣の権能です。

> **Q** 内閣はどんな仕事をしているの？
>
> **A** 憲法73条には特に重要な内閣の事務が規定されています。

　内閣は行政権の中枢として、広く行政の事務を行います。このなかで特に重要なものが73条に7個列挙されています。73条柱書は「他の一切の行政事務の外、左の事務を行ふ」としていますので、7個の事務は例示的に列挙されたものです。内閣の事務がこれらに限定されるわけではありませんので注意しましょう。

内閣が行う重要事務

　73条に定められた事務を順にみていきましょう。

> **1号　法律を誠実に執行し、国務を総理すること。**

　「法律を誠実に執行する」とは、行政は法律に従って適正に行われなければならないという「法律による行政」の原則をあらわしています。内閣は、立法機関である国会に対し誠実でなければなりません。したがって、たとえ内閣が賛成できない法律であったとしても、その法律の目的にかなった執行を行わなければならないのです。しかし、単なる反対ではなく、内容が憲法

違反となるような法律の場合はどうでしょう。この場合、それが内閣独自の判断であればやはり原則どおり、法律を執行しなければなりません。内閣に憲法判断をする権限はないからです。

　しかし、最高裁判所が憲法違反と判断した場合には、それを無視するわけにはいきませんね。内閣としては、最高裁判所によって違憲判決がなされた法律は執行を控え、国会の措置（法律の改正、廃止など）を促すものと考えられています。

　「国務の総理」とは、内閣による行政事務の統括と行政各部門の指揮監督を意味しています。

> **2号　外交関係を処理すること。**

　外国との対外的な行政事務を処理することも内閣の仕事です。具体的には、外交交渉を行ったり、外交使節を任免したり、外交文書の作成を行うと

いった事務を行います。この規定は、外国に対して実質的に日本を代表するのは、内閣であることを示しています。

> 3号　条約を締結すること。但し、事前に、時宜によっては事後に国会の承認を経ることを必要とする。

条約とは、二国以上の国家間で文書の形式によって締結される合意をさします。形式上、条約と呼ぶものに限らず、協定、協約、議定書、憲章なども含まれます。条約の締結は内閣の権能ですが、**国会の承認を必要とする**ことは既に述べたとおりです。（テーマ 060）3号ただし書にも、国会の承認を経ることが必要とされており、国会の承認は条約が有効に成立するための要件とされています。その意味では、条約締結は内閣と国会の協働行為ともいえます。

> 4号　法律の定める基準に従ひ、官吏に関する事務を掌理すること。

「官吏」とは国家公務員をさしています。内閣は、官吏の試験、任免、給与、懲戒などに関する事務をつかさどる権限をもっています。実際には内閣の所轄のもとに人事院がおかれ、内閣から独立して人事行政を処理しています。

> 5号　予算を作成して国会に提出すること。

予算は内閣が作成して国会に提出します。予算の作成は内閣の専権事項で、両議院の議員が予算案の作成をすることはできません。

ポイント

① 内閣の行政事務
　　⇒重要なものが73条に列挙されている。
② 法律の執行
　　⇒内閣は法律に従って適正に行政を行わなければならない。
③ 最高裁判所で違憲判決がなされた法律であれば…
　　⇒内閣は執行を控え国会の措置を促す。

ミニテスト

1　内閣の事務は、73条に定められた7個に限定される。
2　内閣はたとえ賛成できない内容の法律であっても、執行しなければならない。
3　内閣が条約の締結をするには、事前に国会の承認が必要である。
4　内閣は、官吏に関する事務を掌理する。

解答　1　×　73条は例示列挙です。　2　○　3　×　事後の承認でもよい。　4　○

068 内閣の権能2

引き続き、73条に定められた事務についてみていきましょう。

Q 他にはどんな仕事をしているの？
A 政令の制定、恩赦の決定などを行います。

> 6号 この憲法及び法律の規定を実施するために、政令を制定すること。但し、政令には、特にその法律の委任がある場合を除いては罰則を設けることができない。

　行政機関が制定する法規範を一般に「命令」といい、特に内閣が制定するものを「政令」、各省が制定するものを「省令」といいます。国会以外の機関が法を制定できるの？　と疑問に思われるかもしれませんが、国会と無関係のところでつくられるわけではありません。命令には、法律を執行するための「執行命令」と法律によって委任された事項を内容とする「委任命令」のみが許されるのです。すなわち、法律を制定する国会が間接的に関与していることになります。

　6号は、「憲法及び法律の規定を実施するために」と規定しています。この表現は、憲法と法律を併記しているため、憲法を実施するために直接政令を制定できるかのように思えますが、国会を唯一の立法機関とする41条の趣旨を重視して、法律を介さず憲法を直

接実施する執行命令は認めない、と考えられています。したがって、実際には憲法→法律→命令（政令・省令など）という法構造をとることになります。6号ただし書は、「政令には、特に法律の委任がある場合を除いては、罰則を設けることができない」とされていますので、法律の委任があれば、政令にも罰則を定めることができます。これは31条の「法定手続の保障」〜法律の定める手続によらなければ刑罰を科せられない〜に厳密には反しますが、法律の委任がある場合と限定されていることから例外として承認されていると考えられるでしょう。

> 7号 大赦、特赦、減刑、刑の執行の免除及び復権を決定すること。

　大赦、特赦、減刑、刑の執行の免除及び復権とは刑罰を消滅させたり、軽減させる行為〜恩赦〜の種類です。この文言は見覚えがありますね。天皇の国事行為で、でてきました。恩赦は恩赦法に基いて内閣が決定し、天皇が認証することになっています。天皇の認証は形式的手続ですから、恩赦の実質

的決定権は内閣にあります。

名し、天皇が任命します。
53条　内閣は、国会の臨時会の召集を決定することができます。

その他の内閣の権能

73条が定める以外の内閣の権能で、憲法に定められているものを整理しておきましょう。まずは、ここまでのテーマで述べてきた項目です。思い出してみましょう。

3条、7条　天皇が行うすべての国事行為に対し、内閣が助言と承認を行います。

6条2項　内閣が最高裁判所長官を指

ここからは、この先のテーマで詳しく内容を説明しますので、ここでは項目だけあげておきます。

79条1項、80条1項　最高裁判所長官以外の裁判官の任命

87条　予備費の支出

90条1項、91条　国の決算審査及び財政状況の報告　など

第4編 統治機構

ポイント

内閣が行う事務のまとめ	根拠条文		根拠条文
法律の誠実な執行、国務の総理	73条1号	天皇の国事行為に対する助言と承認	3条、7条
外交関係の処理	73条2号	最高裁判所長官の指名	6条2項
条約の締結	73条3号	国会の召集	53条
官吏に関する事務の掌理	73条4号	最高裁判所長官以外の裁判官の任命	79条1項、80条1項
予算の作成	73条5号		
政令の制定	73条6号	予備費の支出	87条
恩赦の決定	73条7号	国の決算審査、財政状況の報告	90条1項、91条

ミニテスト

1　内閣は、憲法及び法律の規定を実施するために、政令を制定することができる。
2　政令に、罰則を設けることはできない。
3　大赦・特赦の決定は天皇が行う。
4　次の項目を、内閣の権能と内閣総理大臣の権能に分類しなさい。
　　①　条約の締結　　　　　　　②　予算の作成
　　③　国務大臣の任命　　　　　④　恩赦の決定
　　⑤　国務大臣の訴追に対する同意　　⑥　最高裁判所長官の指名

解答　1　○　2　×　法律の委任があればできます。3　×　内閣が決定します。
　　4　内閣の権能①②④⑥　内閣総理大臣の権能③⑤

069 内閣の終了

内閣は、どんなときに終了するのだろう？

Q 内閣総理大臣や国務大臣に任期はあるの？

A 任期規定はありません。全員の辞職によってその内閣は終了します。

内閣総辞職

内閣の総辞職とは、内閣を組織する内閣総理大臣、国務大臣の全員が同時に辞職しその地位を離れることをいいます。憲法は「総辞職しなければならない」場合として3つのケースを定めています。

■衆議院が内閣不信任決議案を可決、または信任決議案を否決し、10日以内に衆議院が解散されないとき（69条）

国会は内閣の行政権の行使について、責任を追及できる立場にあります。そのためには質疑、質問、国政調査など様々な方法がありますが、最も強力なものがこの不信任決議案可決／信任決議案否決です。内閣に不信任をつきつけるわけですね。衆議院がこの決議をした場合は、内閣は10日以内に衆議院を解散するか、総辞職するかいずれかを選択しなければなりません。（69条）参議院でも同様の決議はできますが、衆議院のように内閣を総辞職に追い込むような法的な効果はありません。

■内閣総理大臣が欠けたとき（70条前段）

死亡、辞職、国会議員としての資格喪失などによって内閣総理大臣が欠けたときには、内閣は総辞職しなければなりません。（70条前段）内閣を構成する国務大臣を選んだ本人がいなくなるわけですから、総入れ替えとなるのは当然のことでしょう。新たに国会が指名する内閣総理大臣を中心として、新たな内閣が組織されることになります。

■衆議院議員総選挙後に初めて国会の召集があったとき（70条後段）

内閣総理大臣の指名において優越をもつ衆議院の構成が変わることは、内閣の存在基盤を失うことになりますから、衆議院議員総選挙後には内閣は総辞職することになります。衆議院議員総選挙は、衆議院議員が任期満了となった場合と衆議院が解散された場合に新たな衆議院議員を選出するための選挙です。

以上が、内閣が総辞職しなければならないケースです。このほか、内閣は政治的な理由から自身の判断で、任意にいつでも総辞職することができま

す。尚、総辞職後、あらたに内閣総理大臣が任命されるまでは、内閣は引き続きその職務を継続して行います。（71条）

衆議院の解散権

　憲法で、明らかに内閣が衆議院を解散できるとしているのは、69条の場合～衆議院が内閣不信任決議案を可決、または信任決議案を否決し、内閣が総辞職しないとき～だけです。しかし、内閣の解散権をこの場合に限定してしまうと、衆議院が（不）信任決議をしない限り衆議院を解散できないことになり、衆議院の解散・総選挙により民意を問うという機能が十分果たされなくなります。そこで7条3号を根拠として解散できるという考え方があります。これは天皇の国事行為としての衆議院の解散規定で「内閣の助言と承認により」行われることから、衆議院の実質的解散決定権は内閣にあると考えるものです。実際に、過去においても69条以外の原因で衆議院解散が行われてきました。衆議院の解散権については国会のテーマでも述べたことですが、内閣の権能として改めて確認しておきましょう。

ポイント

① 　内閣の総辞職
　　⇒内閣の構成員全員が同時に辞職すること。総辞職は、内閣の判断で行われる任意のものと憲法上、義務づけられるものとがある。

② 　憲法上義務づけられる総辞職
　　⇒・衆議院が内閣不信任決議案を可決または信任決議案を否決し、10日以内に衆議院が解散されないとき
　　　・内閣総理大臣が死亡、辞職などで欠けたとき
　　　・衆議院議員総選挙後に初めて国会の召集があったとき

ミニテスト

1　衆議院が内閣不信任決議案を可決した場合は、内閣は総辞職しなければならない。
2　内閣総理大臣が欠けた場合は、内閣は総辞職しなければならない。
3　参議院議員選挙後に初めて国会が召集されたときは、内閣は総辞職しなければならない。
4　内閣は憲法に規定がある場合以外は、総辞職することはできない。

解答　1　×　衆議院を解散することもできます。2　○
　　　　3　×　総辞職しなければならないのは、衆議院議員選挙の後です。
　　　　4　×　内閣の判断で任意に総辞職することもできます。

070 司法権の意義と範囲

司法とは「法を司る」と書きます。

Q トラブルは何でも裁判所で解決してもらえるの？

A 司法で解決できるものには、一定の要件があります。

「権力分立」の仕組を構成する、3つめの国家作用、司法について説明していきましょう。憲法では、第6章「司法」に7ケ条の規定が定められています。

まずは、「司法権」の意義について確認しておきましょう。

司法権の意義

司法権とは、**具体的な争訟**について**法を適用**してこれを解決する国家の作用をさします。対象が具体的な争訟であること、その内容が法を適用して解決できるものであることが必要です。具体的な争訟とは、当事者がいて実際に問題が発生して利害の対立紛争が起こっている状態です。そして法で解決できるものでなければなりませんから、その問題とは、法律上の権利義務や法律関係の存否などについての争いということになります。したがって例えば、次のようなケースは、司法権の対象外となります。

■**抽象的に、法令の解釈や効力について争うこと**

具体的な事件が起きていないにもかかわらず、将来を予想して法令の解釈や効果に疑義を唱えるといったことの是非は、司法が判断できるものではありません。「（自衛隊の前身である）警察予備隊は憲法違反で無効である」との確認を求めて訴えた事件が過去にありましたが、最高裁判所は上記のような司法権の意義を示した上で、抽象的な判断をすることはできないとして請求を却下しました。（最判昭27.10.8）

■**単なる事実の存否、学問上・技術上の争い**

「ある事実があったのか、なかったのか」といったことは法律で判断できることではありませんね。また、学問上・技術上の理論の当否なども法で解決できることではありませんから司法権の対象外となります。例えば、「技術士国家試験の合否の判定は、学問または技術上の知識、能力等の優劣により当否の判断をする行為であるから、試験実施機関の判断に委ねられ、司法審査の対象とはならない」とした判例があります。（最判昭41.2.8）

■**宗教上の価値、教義に関する判断自体を求める訴え**

ある宗教団体の会員が、団体への寄付金の返還を求める訴えを起こした事件があります。金銭の返還請求ですから、訴訟そのものは具体的な争訟といえます。しかし、この寄付は「板まんだら」と呼ばれるご本尊を安置するお堂の建立のために行われたもので、原告の会員はこの「板まんだら」が偽物であり寄付行為は無効であると主張したのでした。そうなるとこの訴訟を左右する重要な要素となるのは、「板まんだら」という信仰対象の価値に対する判断です。これは司法の判断にはなじみませんね。結局、この訴訟は「法令の適用による解決は不可能であって法律上の争訟にあたらない」と判断されました。（最判昭56.4.7）

このように、司法権が対象とするものには一定の要件があり、問題があれば何でも裁判にもちこんで解決できる訳ではありません。具体的な利害対立紛争があって、それが法で解決できるものに限られているのです。これを「法律上の争訟」ともいいます。

司法権の範囲

明治憲法下では民事裁判と刑事裁判のみが司法権に属し、行政事件の裁判は別系統の行政裁判所の所管とされていました。これに対して、現憲法では行政事件の裁判も含めてすべての裁判を司法権に属するものとしてその範囲を拡大しました。

第4編 統治機構

ポイント

① 司法権
 ⇒「具体的な争訟」について「法を適用して解決する」国家作用。
 司法権の対象とならないもの

抽象的な法令の解釈や効力についての争い
事実の存否、学問上・技術上の争い
宗教上の価値、教義に関する判断

② 司法権の範囲
 ⇒民事裁判・刑事裁判のみならず行政裁判も含まれる。

ミニテスト

次のうち、司法権の対象となるものはありますか？
1 国家試験の合格・不合格の判定
2 宗教上の価値を判断することが前提となる訴え
3 警察予備隊が憲法違反で無効であるとの確認

解答 なし いずれも判例上、司法権の対象外です。

071 司法権の限界

司法権にも限界があるんだ…。

Q 「法律上の争訟」はすべて司法権の対象になるの？

A なかには、裁判所の司法権が及ばない場合もあります。

司法権の対象は「法律上の争訟」に限られており、原則として司法権を担う国家機関である**裁判所が一切の法律上の争訟を裁判**します。（裁判所法3条）しかし、法律上の争訟であっても裁判所の司法権が及ばない場合があります。司法権にも次のような限界があることを認識しておきましょう。

憲法上の限界

憲法が**明文で裁判所以外に裁判権を認めた**ものがあります。
■国会議員の資格争訟の裁判（55条）
　→所属議院が行う
■裁判官の弾劾裁判（64条）
　→国会が設置する弾劾裁判所が行う
　いずれも国会のテーマで確認してきたものですね。これらの裁判は裁判所で争うことはできません。各々の制度の趣旨を思い出しておきましょう。

国際法上の限界

外交使節の治外法権のように国際法が認める例外により、日本の司法権が及ばないことがあります。また、日米安全保障条約に基く協定によって、日

本に駐留するアメリカ兵に対する刑事裁判権の特例など、条約の認める例外もあります。

団体の自律権に関する行為

国会の議院における議事手続や議員の懲罰など、内部事項に関する紛争は議院が自主的に決定できましたね。（58条2項）これらは議院の自律権に委ねられており、司法権は及びません。昭和29年に成立した新警察法の審議が、野党議員の強硬な反対のために議場が混乱したまま可決されたことで議決の効力について争われた際、最高裁判所は「両院の自主性を尊重すべきであって、法律制定の議事手続の適否に審査権は及ばない」としました。（最判昭37.3.7）

また、地方議会に関しても、議員の出席停止処分の効力が争われた事件で、かつての判例は、内部規律の問題で司法審査は及ばないとしましたが（最判昭35.10.19）、最判令2.11.25は、出席停止処分は議員としての中核的活動ができなくなるものであり、裁判所は常にその適否を判断することができると

判例変更しました。なお、以前から議員の除名処分は司法審査の対象にあたるとされています。(最判昭35.10.19)

他に大学、政党、宗教団体などが問題になりますが、それぞれのもつ自律性や紛争の内容から司法権の限界を超えるか否かが判断されています。

統治行為

司法権の限界を考えるときに、最も問題になるのは「統治行為」です。統治行為とは、一般に国家統治の基本に関する国家行為をさし、極めて高度の政治性をもっています。これらの内容は法的な問題であっても、事柄の性質上、司法審査の対象外とされる行為で「政治問題」とも呼ばれます。例えば、衆議院解散の効力について争われた事件では、解散は高度に政治性のある国家行為であり司法審査の対象外とされました。このときの解散は、69条の内閣不信任決議を経ずに内閣判断によってなされた解散で、憲法違反であると争われたものです。具体的な紛争が発生し、且つ法の解釈の問題ですから、理論上は法律的な判断が可能なはずです。しかし最高裁判所は、「この判断は主権者たる国民に政治的責任を負う政府、国会等の政治部門の判断に任されている」としてこの問題を司法審査の対象外とし、「統治行為」の存在を肯定しました。(最判昭35.6.8)

もっとも、憲法に明確な規定がない「統治行為」を認めることは許されないという考え方もあります。裁判所が安易にこの考え方を利用して、司法判断を避けるようなことがあってはなりません。

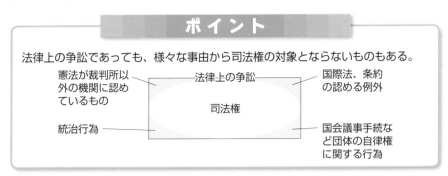

ポイント

法律上の争訟であっても、様々な事由から司法権の対象とならないものもある。

憲法が裁判所以外の機関に認めているもの	法律上の争訟	国際法、条約の認める例外
統治行為	司法権	国会議事手続など団体の自律権に関する行為

ミニテスト

1 国会議員の資格争訟の裁判は、司法権の対象にはならない。
2 判例上、地方議会の議員の出席停止の懲戒処分は司法権の対象にはならない。
3 判例上、地方議会の議員の除名の懲戒処分は司法権の対象にはならない。

解答 1 ○ 2 × 3 × 対象となります。

072 裁判所の組織～裁判所の種類

司法の担当は裁判所だけど裁判所にもいろいろ種類があるみたい…。

> **Q** 司法権を行使するのは、どんな機関なの？
>
> **A** 最高裁判所と法律の定める下級裁判所によって司法権は行使されます。

司法権を行使する国家機関は裁判所です。76条1項は、すべての司法権は**最高裁判所**及び法律の定めるところにより設置する**下級裁判所**に属すると定めています。下級裁判所については裁判所法2条に規定があり、高等裁判所、地方裁判所、家庭裁判所それに簡易裁判所があります。まずは裁判所の種類について確認していきましょう。

最高裁判所

最高裁判所は、全国に1ケ所のみでその名の示すとおり、司法権の最高機関です。最高裁判所は、長たる裁判官と裁判所法に定められた員数のその他の裁判官で構成されます。（79条1項）長たる裁判官は、最高裁判所長官、その他の裁判官は最高裁判所判事と呼ばれます。最高裁判所には、裁判官全員の合議体である大法廷と一部の少人数の裁判官の合議体である小法廷とがあります。（裁判所法9条）事件を大法廷で扱うか、小法廷で扱うかは最高裁判所が決定しますが、次のような重要事項は必ず大法廷で行われます。

■法律や命令などの合憲性の審査

■判例変更となる審査～法令の解釈で、以前にされた最高裁判所の判断と異なる場合（裁判所法10条）

高等裁判所

下級裁判所の中では、最上位の裁判所です。全国で8ケ所に設置され、事件の審判は原則、裁判官3人の合議制で行われます。（裁判所法18条）東京高等裁判所の管轄に属する事件のうち、特許権など知的財産に関する事件を取扱う同裁判所の特別の支部として、知的財産高等裁判所があります。

地方裁判所

高等裁判所の下位に位置づけられている下級裁判所の一つです。各都道府県に1ケ所設置されています。（北海道は複数ケ所）事件の審判は原則、裁判官一人で行います。（裁判所法26条）一般的には、まず地方裁判所に訴えを提起し、その判決に不服がある場合、高等裁判所へ<u>控訴</u>し再度審理を求めることができます。その控訴審判決にも不服がある場合、最高裁判所に<u>上告</u>することができます。体制の異なる裁判

所で3回審理を受ける機会があるのです。これを三審制といいます。

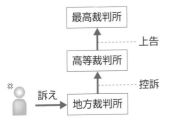

簡易裁判所

下級裁判所の中では最下級の裁判所です。地方裁判所の下で少額、軽微な事件を迅速に処理する目的で、各都道府県に複数ケ所設置されています。事件の審判は一人の裁判官で行います。（裁判所法35条）

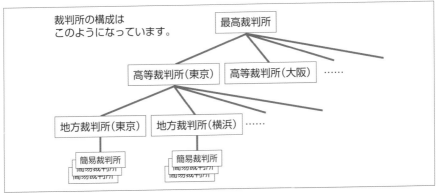

裁判所の構成はこのようになっています。

家庭裁判所

家庭に関する事件や少年保護事件などを扱う裁判所で地方裁判所と同等の位置にあります。事件の審判は原則、裁判官一人で行います。（裁判所法31条の4）

このように最高裁判所の系列下に、役割や体制の異なる複数の下級裁判所が設置されています。これらは、次のテーマで紹介する「特別裁判所」に対して、「通常裁判所」と呼ばれています。

ポイント

① すべての司法権は…
⇒最高裁判所と裁判所法の定める下級裁判所に属する

ミニテスト

1　すべての司法権は、最高裁判所とその系列下にある下級裁判所に属する。
2　家庭裁判所は、最高裁判所の系列からは独立している。

解答　1 ○　2 × 家庭裁判所も通常裁判所です。

073 裁判所の組織〜裁判官

裁判官の仕事は責任重大ですよね。

Q 裁判官はどうやって決まるの？

A 最高裁判所長官は、憲法6条により内閣が指名し天皇が任命します。その他の裁判官の任命も憲法に規定があります。

裁判所についての規定の続きです。

特別裁判所の禁止

76条2項前段は、「特別裁判所は設置することができない」としています。特別裁判所とは、特殊な身分をもつ人や特定の種類の事件について裁判を行う機関で、これまで説明した通常裁判所の系列から独立した裁判所です。明治憲法下では、特別裁判所として行政裁判所や軍法会議などが存在していましたが、現憲法の下では特別裁判所の設置は禁止されています。裁判所を設けるときは、最高裁判所のもとでの下級裁判所として、その系列下におく必要があります。司法権を最高裁判所以下の系列に統一させるという趣旨の規定です。

76条2項後段が「行政機関は終審として裁判を行うことができない」としているのは、行政機関が前審として審判することはできてもそこで完結はしないということです。審判に不服のあるときは通常の裁判所に出訴することができますので、司法権を最高裁判所

以下の系列に統一させるという趣旨に反するものではありません。それでは、裁判を行う裁判官についての規定をみていきましょう。

最高裁判所裁判官の任免

最高裁判所長官は、内閣の指名に基いて、天皇が任命します。（6条2項）長官以外の裁判官は、内閣が任命し天皇が認証します。（79条1項、裁判所法39条3項）最高裁判所の裁判官は、識見の高い、法律に精通した40歳以上の者から選ばれます。（裁判所法41条）

最高裁判所の裁判官には任期はありませんが、一定期間毎に国民の判断を仰ぐ「国民審査」という制度があります。これは衆議院議員総選挙の際に同時に行われ、国民が罷免すべきと思う裁判官を投票する方法で行われます。投票者の多数が裁判官の罷免を求めるときは、その裁判官は罷免されます。（79条3項）審査は、選挙のたびに裁判官全員が審査されるのではなく、任命後初めて行われる総選挙の際と、その後は10年を経過するごとに審査を受

けることになります。国民審査は、最高裁判所裁判官の職務の重要性にもとづき、主権者である国民の意思が直接反映される仕組となっています。

また最高裁判所の裁判官には、定年があり（79条5項）70歳になると定年で退官します。（裁判所法50条）

下級裁判所裁判官の任免

下級裁判所の裁判官は、**最高裁判所の指名した者の名簿から内閣が任命**します。10年という任期がありますが、再任も可能です。（80条1項）下級裁判所の裁判官にも定年があり、簡易裁判所の裁判官は70歳、それ以外の下級

裁判所の裁判官は65歳と定められています。（裁判所法50条）

裁判官の報酬

裁判所の種類に依らず、裁判官は、定期に相当額の報酬を受け、在任中、減額されないことを憲法で保障されています。（79条6項、80条2項）相当額の報酬とは、裁判官としての地位にふさわしい生活を営むために必要な額を意味し、具体的な額は法律で定められます。裁判官が、外部からの圧力や干渉を受けずに公正に裁判を行うための規定のひとつです。

第4編 統治機構

ポイント

① 特別裁判所
　⇒通常裁判所の系列から独立した裁判所で憲法で設置を禁じられている。
② 最高裁判所裁判官の任命
　⇒長官は内閣の指名に基き天皇が任命し、長官以外の裁判官は内閣が任命する。
③ 下級裁判所裁判官の任命
　⇒最高裁判所の指名した者の名簿から内閣が任命する。

ミニテスト

1　家庭裁判所は、家庭に関する事件など特定の事件を扱う特別裁判所である。
2　下級裁判所の裁判官は、内閣が自由に選定することができる。
3　最高裁判所の裁判官は、国民審査において投票者の多数が罷免を可とするときは罷免される。
4　下級裁判所の裁判官の報酬は、在任中減額することができない。

解答　1　× 特定の事件を扱いますが、最高裁判所の系列下にあるので特別裁判所にはあたりません。
　　　　2　× 最高裁判所の指名した者の名簿から任命します。3　○　4　○

074 司法権の独立

裁判が公正に行われるために必要です。

Q 裁判官をやめさせることはできるの？

A 「司法権の独立」を確保するためにも、裁判官を安易にやめさせることはできません。憲法に定められている、限られた場合以外は裁判官を罷免することはできません。

司法権の独立の内容

「司法権の独立」とは、司法権が立法権や行政権から分離独立していることで、権力分立の大原則ですが、他に裁判官の地位に着目して「**裁判官の職権の独立**」という意味もあります。裁判が公正に行われるためには、裁判を担当する裁判官が、外部からの圧力や干渉を受けずに、職責を果たせる環境が必要であるということです。76条3項でも、裁判官はその**良心に従い独立してその職権を行い**、憲法および法律にのみ拘束されると定められています。「良心」とは、個人の主観的なものではなく、裁判官としての職業的良心をさしています。裁判官は他の一切の指揮命令を受けず、**法のみに従って**公正な裁判をしなければならないのです。憲法はこのために、①下級裁判所裁判官の指名（80条）、②裁判所規則制定権（77条）、③裁判官の身分保障（78条）といった裁判官の独立を強化する制度を用意しています。①は、既に述べましたので、②③について確認していきましょう。

裁判所規則制定権（77条）

最高裁判所は、訴訟に関する手続、弁護士、裁判所の内部規律及び司法事務処理に関する事項について、規則を定める権限を有しています。これは、国会を唯一の立法機関とする大原則に対して、憲法が認めた重要な例外です。これによって裁判所の自主性と独立性を確保するとともに、司法機関内における最高裁判所の統制権を強化するという趣旨の規定です。また、裁判に関する手続的なことは、裁判に精通している裁判所自身が定めることが合理的であろうという考えも起因しています。

規則は、「裁判所の内部規律及び司法事務処理に関する事項」など純粋に裁判所内部のものと「訴訟に関する手続、弁護士に関する事項」のような裁判官以外の者でも、訴訟に関わる限り拘束されるものとがあります。例えば検察官は本来、裁判所からは独立して職務を行う行政官ですが、訴訟手続に関わる以上は最高裁判所規則に従わなければなりません。（77条2項）

最高裁判所は、下級裁判所に関する

規則を定める権限を下級裁判所に委任することができます。（77条3項）したがって下級裁判所も委任された範囲内で規則制定権をもつことになります。

効裁判による場合
■国民審査（最高裁判所裁判官に限る）で投票者の多数が罷免を可とした場合

これ以外には、裁判官を罷免することはできません。また、懲戒処分についても実効的な司法権独立のために、裁判所自身によって行われます。行政機関や立法機関が裁判官を懲戒処分にすることはできません。

裁判官の身分保障（78条）

「裁判官の職権の独立」を確保するために、裁判官には憲法で身分の保障が与えられています。それは、裁判官が罷免される場合が次の場合に限定されているということです。
■心身の故障により執務不能と裁判で決定された場合
■国会の設置した弾劾裁判所による弾

こうした憲法の規定する数々の制度により、司法権の独立が保たれ公正な裁判が行われるようになっています。

ポイント

① 司法権の独立
　⇒行政権、立法権からの独立という意味と裁判官の独立という意味がある。
② 最高裁判所は、裁判所規則を定める権限を有する。
③ 裁判官は、憲法で定められた場合以外は罷免されない。

	最高裁 裁判官	下級裁判所 裁判官
心身の故障で執務不能と裁判で決定	○	○
弾劾裁判所による弾効裁判による場合	○	○
国民審査で罷免を可とされた場合	○	

ミニテスト

1　最高裁判所は下級裁判所に関する規則を定める権限を、下級裁判所に委任できる。
2　最高裁判所の裁判官は、国民審査により罷免される場合がある。
3　下級裁判所の裁判官は、弾劾裁判によらなければ罷免されない。

解答　1 ○　2 ○
　　　　3 × 心身の故障により執務不能と裁判で決定された場合も罷免されます。

149

075 法令等の違憲審査権〜「憲法の番人」としての役割

人権保障のためにも大切な役割です。

> **Q** 「憲法の番人」ってどういうこと?
>
> **A** 法律や行政処分などが憲法に違反していないか? を審査する権限をもっていることで、結果として憲法を守る役割を果たしています。

最高裁判所には、終審裁判所として最終的な審判を行うという役割の他、下級裁判所裁判官の指名(80条)、裁判所規則の制定権(77条)など様々な権限がありますが、なかでも重要なのは、**法令等の違憲審査権**です。違憲審査権とは、法律、命令、規則などの法令や行政処分などが**憲法に違反していないか**を審査する権限です。81条は、最高裁判所に終審としての違憲審査権を与えています。

違憲審査権の根拠

違憲審査権の根拠としてあげられるのは、「**憲法の最高法規性**」の観念です。98条にあるように、憲法は国の最高法規でありこれに反する法令、行為は無効です。立法機関は憲法に反する法令を制定しない、行政機関は憲法に反する行為は行わないのが基本ですが、現実に制定されてしまった、行われてしまった場合はどうしたらいいでしょう。こうした行為が本当に憲法に違反しているのかを実際に審査するのが、裁判所に与えられた違憲審査権で

す。これによって憲法の最高法規性が確保され、違憲審査を終審として行う最高裁判所は、憲法の解釈・適用についていわゆる「憲法の番人」としての役割を果たしているのです。そして、憲法を守ることによって国民の基本的人権を保障しようとしているのです。

違憲審査権の主体

81条をみると、違憲審査権は最高裁判所にのみ与えられているようにみえますが、下級裁判所もまた、事件を解決するのに必要であれば違憲審査権を行使できると考えられており、判例の立場も同様です。(最判昭25.2.1)

違憲審査権の対象

違憲審査の対象となるのは、「一切の法律、命令、規則又は処分」(81条)です。ここに条約が明記されていないために、**条約が対象となるか否か**解釈が分かれています。条約は国家間の合意という性質をもつため、一国の意思だけで効力を失わせることはできないとも考えられますが、一方、条約が国

際法であると同時に国内では国内法として機能することから、国内法としての側面においては法律に準ずるものとして違憲審査の対象となるとも考えられています。ただし判例は「一見極めて明白に違憲無効でない限り、条約は司法審査の対象外」としています（最判昭34.12.16）ので、実際に裁判所が条約を違憲と判断することはほとんどないと思われます。

違憲審査の方式

一般に違憲審査の方式には、憲法裁判所が具体的な事件とは無関係に抽象的に法令等の審査をする「抽象的違憲審査制」と通常裁判所が具体的な事件の解決に必要な限度で、審査を行う「付随的違憲審査制」がありますが、そもそも司法権が具体的な争訟を前提としていることからも、我が国においては付随的審査制が妥当といえるでしょう。

違憲判決の効力

法令を違憲とした場合の最高裁判所の判決は、どのような効力をもつのでしょうか。これには二つの説があります。その法令が一般的に効力を失うとする「一般的効力説」と当該事件、当事者に対してのみ効力を失うとする「個別的効力説」です。違憲審査権が具体的な事件の解決に必要な限度で行使されることを考えれば、判決は個別的効力説にとどまるといえるでしょう。もっとも、違憲判決のなされた法令が当事者以外に対してはその後も有効とされては不公平になりますから、内閣としては法令の執行を控え、国会の措置（改正、廃止など）を促す、という方法をとるのは、内閣のテーマで述べたとおりです。

ポイント

違憲審査権
⇒法律、命令、規則などの法令や行政処分などが憲法に違反していないかを審査する権限。憲法は、最高裁判所に終審としての違憲審査権を与えている。

📝 ミニテスト ・・・・・・・・・・・・・・・・・・・・・・・・・・・・・・・・・・・・・

1　判例の立場では、下級裁判所も違憲審査権を有するとされている。
2　最高裁判所が法律、命令、条約の違憲審査権を有することは憲法に明記されている。
3　最高裁判所で違憲と判断された法律は、当然に廃止となる。

解答　1　○　　2　×　条約は明記されていません。
　　　　　3　×　法律の廃止は国会によって行われます。自動的に廃止にはなりません。

076 第4編 統治機構 の用語解説 1

テーマ052「唯一の立法機関としての国会」から064「行政権の概念」における用語解説です。

Q 命令って何？

A 行政機関が制定する法令です。

テーマ052

命令

行政機関が制定する法令。内閣が制定する政令や各省が制定する省令などがこれにあたります。性質上は、法律の委任を受けて制定される委任命令と法律を執行するために制定される執行命令があります。

緊急勅令

明治憲法下において、緊急の場合に天皇が発した勅令。明治憲法では、公共の安全を保持し又はその災厄を避けるため緊急で且つ帝国議会閉会中の場合に天皇が発すると規定されていました。現憲法では認められていません。

独立命令

法律から独立して発せられる命令。委任命令、執行命令以外の命令をさします。明治憲法では、天皇が発するとされていました。現憲法では認められていません。

テーマ053

門地

家柄のこと。華族などの特権的な身分を意味します。明治憲法においては、華族は貴族院議員になれるなど様々な特権がありましたが、現憲法では門地による法的な差別は禁止されています。

議員定数不均衡の問題

各選挙区の議員定数の配分に不均衡があり、人口数（有権者数）との比率において選挙人の投票価値に不平等が生じる問題。1票の重みに格差が生じていることが法の下の平等に反するとして、衆議院議員、参議院議員選挙のたびに違憲訴訟が起されています。1票の格差がどこまで許容されるのか、判例は概ね衆議院は2倍、参議院は5倍以内を合憲の目安としています。なお、近時の公職選挙法の改正により、衆議院の小選挙区の区割変更（10増10減）や比例代表の定数配分変更（3増3減）が行われています。

テーマ054

表決

合議体において、その審議の対象である問題についてその構成員が賛否の意思を表明する行為。表決の結果である合議体としての意思決定は議決と呼ば

れます。

テーマ055

詔書
国家機関としての天皇が発する公文
書。

テーマ056

最長70日間の空白
「解散の日から40日以内に選挙を行い、
選挙の日から30日以内に国会召集」と
いう規定ですから解散から召集まで最
長で70日あく可能性があります。

発議
議案や動議など議事の対象となる案件
を提起すること。

テーマ058

国務大臣
国務大臣は過半数を国会議員の中から
選ぶと定められているので、全員が国
会議員である必要はなく、国会議員で
はない国務大臣もいます。

テーマ061

訴追
一般には、検察官が公訴を提起し維持
することを指しますが、裁判官を弾劾
する申立をして罷免を求める行為や検
事総長が司法警察職員に対し懲戒、罷
免を求める行為も訴追といいます。

テーマ062

争訟
法律上の権利義務や法律関係の存在に
ついて利害の対立する当事者間の紛
争、事件。

兼職
ある地位や職にある者が、更に他の地
位や職に就くこと。衆議院議員と参議
院議員を兼ねることはできません。ま
た、国会議員は、法律で認められる場
合以外は公務員との兼職を禁じられて
います。

テーマ064

福祉国家
国民の福祉増進を主要目的とする国
家。資本主義の長所を活かしながら、
雇用対策や社会保障制度などを充実さ
せ、積極的に国民の生活安定を図ろう
とする現代国家です。

人事院
国家公務員の人事管理を担当する中立
的な第三者機関。能力・実績に基く人
事管理、人材確保・育成、適正な給与
の実現、勤務条件の改善、などにより
公正な人事行政の確保、職員の利益保
護のための事務を行います。

公正取引委員会
独占禁止法を運用するために、設置さ
れた機関。公正で自由な競争を促進
し、消費者の利益保護を図ることを目
的として活動しています。

077 第4編 統治機構 の用語解説2

テーマ064「行政権の概念」から073「裁判所の組織〜裁判官」における用語解説です。

Q 国家公安委員会って何？

A 国の警察の最高機関です。

テーマ064

国家公安委員会

国の警察の最高機関。公共の安全と秩序を維持することを任務とし、警察制度の企画立案や国の公安に関する事案、警察官の教育、警察行政などに関する調整などについて警察庁を管理する権限をもっています。

会計検査院

憲法で国の収入・支出の決算の検査、報告を行うと規定された機関。内閣に対して独立の地位をもっています。会計検査院法にその組織や権限の定めがあり、国の収入・支出の決算に関する検査のほか、国が出資しているものや財政援助を与えているものなどの会計についても検査を行うことができます。

テーマ065

議院内閣制

立法権（議会）と行政権（政府）とを分立させながら、政府が議会に対して連帯責任を負う、政府の長を議会が選ぶなど、両者が協働しながら抑制しあうイギリスで発生した政治形態。これに対して、議会と政府の分立を徹底し

政府の長である大統領を国民が選ぶ形態を大統領制、首長制といいます。

テーマ066

公訴時効

犯罪後、一定の期間が経過することにより起訴ができなくなること。公訴時効が停止するとは、その一定の期間の経過を一時的にとめることで停止している間は時効は成立しません。公訴時効は時の経過によって事実認定が困難になるなどの理由から誤った裁判を防ぐ趣旨の制度ですが、近年は被害者・遺族感情を重視し、重要犯罪の公訴時効は廃止、延長される傾向にあります。

連署

複数の者が同一書面に署名すること。法律、政令にはすべて主任の国務大臣が署名し、内閣総理大臣が連署する必要があります。

テーマ072

控訴と上告

裁判の判決に不服がある場合、上級裁判所にその取消、変更を求める行為を上訴といい、上訴の中で第一審判決に

対するものを控訴、控訴審判決に対するものを上告といいます。

家庭に関する事件

家庭内の紛争、親子関係、夫婦関係に関する問題。家事事件ともいいます。具体的には、氏名変更、成年後見人の選任、養子縁組など紛争性のないものや離婚に伴う親権者・養育費の決定、相続、遺産分割に関する紛争などがあります。

テーマ073

行政裁判所

行政事件の裁判のために行政機関内に設置される裁判所。司法裁判所とは系統が異なる特別裁判所で、明治憲法下で存在していましたが、現憲法は行政裁判所を認めていません。

軍法会議

軍隊内における特別刑事裁判所。現役軍人の刑事事件のほか、一部の非軍人の刑事事件も審理していました。

078 国会中心財政・租税法律主義

第7章は、「財政」についての9ケ条が定められています。

Q 財政って行政上の規定じゃないの?

A そのとおりですが、国民の意見に基いて運営されるように、国会の監督下におかれています。

国会中心財政の原則

「財政」とは、国家や地方公共団体がその存続に必要な資金を調達管理し、支出するという作用をさします。家庭でも企業でも、資金の収入・支出の管理は重要ですが、国家財政となると規模が違います。それに、国家財政に必要な莫大な資金は、**国民が負担すること**になりますしその支出は**国民のために行われる**のですから、財政の適正運営は国民にとって、重大な関心事です。そこで、国の財政は、**国民の代表者機関である国会の監督下におかれる**ものとしました。83条の「国の財政を処理する権限は、国会の議決に基いてこれを行使しなければならない」とは、こうした国会中心の財政という基本原則を明らかにしたもので、財政についての総則的な規定といえます。それでは84条以下、財政について具体的な規定を確認していきましょう。

租税法律主義（84条）

あらたに租税を課し、又は現行の租税を変更するには、法律又は法律の定める条件によることを必要とします。（84条）これは、租税は国民に直接負担を求めるものですから、租税の賦課には国民の同意が必要である、すなわ**ち国会の議決する法律によらなければならない**とする原則です。これを**租税法律主義**と呼びます。財政が国会の監督下にあるという基本原則を収入の面で具体化した規定です。

「租税」とは、国や地方公共団体がその使用する経費に充当するために、強制的に徴収する金銭給付のことです。いわゆる税金、ですね。30条の納税の義務にあるとおり国民はその強制徴収に応じなければなりませんから、租税の内容は**厳格**にそして**明確**に決定されなければなりません。そのため、租税法律主義は、租税の種類や根拠のような基本事項だけではなく、納税義務者や税率などの実体的な課税要件、賦課や徴収などの手続までも法律で議決を要するとしています。もっとも、すべてを法律で定めるのは、実際には困難な場合もあります。84条は、「法律又は**法律の定める条件による**」とし、

次のようにある程度法律以外の他の法規範によることを認めています。

■条約による課税

関税の一部には、条約で決定されるものがありますが、関税の特殊性や、条約の締結には国会の承認を必要とする（73条3号ただし書）ことから憲法上問題ないと考えられています。

■政令による課税

急激に変化する経済情勢などに迅速に対応するために、法律の委任によって政令で税率などを決定するといったことも許されるというのが通説です。ただし、委任は個別具体的にする必要があり単に「政令の定めるところにより」といった抽象的な委任文言では認められません。（東京高判平7.11.28）

■条例による課税

地方税は、地方自治法と地方税法に原則規定をおいていますが、税目・課税客体・課税標準・税率その他賦課徴収など具体的な定めは条例によるとしています。（地方税法3条）これは「法律の定める条件」に該当しますから、租税法律主義に反するものではありません。

■行政通達による課税

「通達」とは、行政庁が所管事務に関して法律の解釈や執行方針などを示すものです。税務通達によってそれまで課税対象とされていなかった物品を新たに課税物件として扱うこととされたことが租税法律主義に反するとして争われた事件がありましたが、最高裁判所は「通達を契機に課税がされたとしても、通達の内容が法の正しい解釈に合致するものである以上、法の根拠に基く処分と解され違憲ではない」としました。（最判昭33.3.28）

ポイント

① 国会中心財政の原則
　⇒国の財政は、国民の代表者機関である国会の監督下におかれるという財政の基本原則
② 租税法律主義
　⇒税金を課すには、国会の議決する法律によらなければならない。

ミニテスト

1　国の財政を処理する権限は、国会の議決に基いて行使しなければならない。
2　あらたに租税を課すには、法律又は法律の定める条件によることを必要とする。
3　現行の租税を変更するには、法律又は法律の定める条件によることを必要としない。

解答　1 ○　2 ○　3 ✕　変更も法律などによらなければなりません。

財政・地方自治
079 予　算

予算の議決方法は、国会の権能のテーマでやりましたね。

Q 国の予算はどのように決まるの？
A 予算は内閣が原案を作成し、国会で審議・議決を経て決定されます。

国費支出と国の債務負担（85条）

国費を支出し、又は国が債務を負担するには、**国会の議決に基くことを必要**とします。（85条）国費の支出を要する行為が法律で定められている場合であっても、それに伴って国費を支出するには別に国会の議決が必要になるのです。

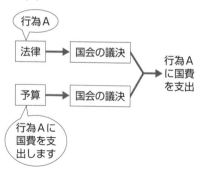

また、国の債務負担も、最終的には国民の負担になりますからやはり国会での議決が必要です。これは83条の規定する国会中心財政を支出の面で具体化したもので、国の支出は直接的にも間接的にもすべて国会の議決に基くべきことを明記しています。この国会の議決は「予算」という形式でなされます。

予算の作成と国会の議決（86条）

予算とは、一般には一会計年度における収入・支出の見積を意味しますが、国の予算となればそれは単なる見積もりに終らず、**支出や債務負担の権限等を与えるもので国家活動の根幹を**なすといえます。86条は、予算は内閣が作成し、国会に提出してその審議を受け議決を経なければならないと定めています。国会審議における衆議院の優越については、国会の権能のテーマで述べたとおりです。

予算の法的性質

予算の法的性質については、単なる行政行為であると考える説や法律の一種であるとみる説もありますが、一般には予算は**法律と異なる独自の法規範**であると考えられています。これは、予算が政府を拘束するのみで直接国民を拘束するものではないことや、法律との成立過程の違い（提出権が内閣にあること、先議権の規定など）を根拠としています。予算を法律と異なる法規範と考えると、「法律と予算の不一致」という事態が起こりえます。

158

法律と予算の不一致とは、予算は成立したのにその支出を命じる法律が制定されない、法律は制定されたのにその執行に必要な予算が承認されない場合などをさします。前者の場合には、内閣は法律案を提出し国会の議決を求め、後者の場合は補正予算、予備費の支出、法律施行の延期などで対処することになります。ただし、予算、法律の双方について議決を行う機関である国会としては、上記のような不一致を生じさせないようにする義務があるといえるでしょう。

予算の修正

予算の審議で問題になるのは、国会での修正権に限界があるのか、ということです。国会中心財政の原則をとる憲法においては国会での修正を制約する規定はなく、原案を削減・廃除する減額修正はもとより、原案を増額したり、支出単位の追加を行う修正もできると考えられています。ただし、予算の同一性を損なうような大きな修正はできないとの解釈もあります。

暫定予算

予算は一会計年度における財政計画ですから、当然該当の年度が始まるまでに成立させなければなりませんが、審議の状況によっては間に合わないこともありえます。その場合、内閣は年度のうちの一定期間に係る暫定予算を作成し、国会に提出します。その名のとおり、暫定的なもので予算が成立すれば失効しますが、暫定予算に基いた支出などはその年度の予算に基いてなされたものとみなされます。（財政法30条）

ポイント

① 予算の成立
⇒予算は内閣が作成して国会に提出した後、国会の審議を受けて成立する。

② 予算の法的性質
⇒法律と異なる独自の法規範であると考えられている。

ミニテスト

1 予算は、内閣が作成する。
2 「予算の支出を伴う法律案」と「予算」は、同時に審議されなければならない。
3 会計年度が始まるまでに予算が成立しない場合は、前年度予算を施行する。

解答　1 ○　2 × 予算と法律の成立過程は別個のものです。
3 × 内閣が暫定予算を作成します。

財政・地方自治

080 予備費・公金の支出制限など

財政についてのその他の規定をみておきましょう。

Q 当初の予定外の支出が必要になったら、どうするの？

A あらかじめ予備費という使途を限定しない費用を計上しておき、そこから内閣の責任で支出することができるようになっています。

予備費（87条）

　予算は会計年度ごとに作成されますが、年度内には当初予想しえなかった支出も発生するでしょう。そのような予見しがたい予算の不足にあてるために、国会の議決に基いてあらかじめ予備費を設け、内閣の責任でこれを支出することができます。（87条1項）この国会の議決は、予備費の計上に関する承認で、支出内容についての承認ではありません。そこで内閣の責任で行われた予備費の支出は、すべて事後に国会の承諾を得なければならないとされています。（87条2項）

皇室財産・皇室費用（88条）

　88条は、すべての皇室財産が国に属すること、すべての皇室費用は、予算に計上して国会の議決を経る必要があることを定めています。これは皇室財産の授受に国会の議決を必要とする8条とともに皇室財政に対する国会の統制を明示した規定です。かつて明治憲法の下で、皇室の財政が議会の統制の及ばないものであったことへの反省か

ら規定されたものです。

公の財産の支出利用の制限（89条）

　国や地方公共団体の所有する公金や公の財産はもともとは国民の負担によるものですから、その支出にはある程度の制限が必要です。89条は、次の場合に公金その他の公の財産の支出や利用を禁止しています。

> ①宗教上の組織若しくは団体の使用
> ②公の支配に属しない慈善、教育、博愛の事業に対する支出、利用

　①は基本的人権の「信教の自由」のテーマで述べた、国家と宗教の分離原則を財政面から保障した厳格な禁止規定です。それに比べて②の規定は、その趣旨が必ずしも明確とはいえません。主には、私的事業への不当な支配の防止と公費の濫用防止を目的としていますが、条文中の「公の支配」をどのように定義するかによって制限内容は変わってきます。例えば「公の支配」を事業の根本に影響を及ぼすような厳格な意味で考えると、私立学校は

160

公の心配には属さないことになり、私立学校への助成は89条違反となります。

■ 決算、会計検査院（90条）

「決算」とは、一会計年度の収入・支出の実績を計数で示したものです。予算が国の財政行為のスタート地点とすれば、決算はそのしめくくりです。90条は、国の収入支出の決算は、すべて会計検査院がこれを検査し、内閣は次の年度にその検査報告とともに、国会に提出しなければならないと定めています。国会は、提出された決算を審議し、それを認めるか否か議決を行います。これもまた国会中心財政の基本原則を事後統制という形で具体化した規定です。決算は、制度的に国会が終局的な審議をする役割をもちますが、

その前に専門的な機関がこれを検査する必要があります。それが会計検査院であり、その組織と権限は、主に会計検査院法という法律に定められています。会計検査院は内閣に対して独立した地位にあります。

■ 財政状況の報告（91条）

予算、決算という財政上の重要なチェックポイントのみならず、国会が国の財政状況を掌握することは国会中心財政のために必要です。国民にとっても国の財政を的確に知ることは大切ですね。そこで、91条は内閣に、国会及び国民に対する報告義務を課しています。内閣は、定期的に少なくとも毎年1回は、国の財政状況について、報告しなければなりません。

ポイント

① 予備費
　⇒予見しがたい予算の不足にあてるために、国会の議決に基いて計上される使途未定の費用。内閣の責任で支出され、事後に国会の承諾を必要とする。

② 皇室費用
　⇒予算に計上して国会の議決を経なければならない。

③ 国の収入支出の決算
　⇒会計検査院の検査を受けその検査報告とともに国会に提出される。

ミニテスト

1　予備費の支出は内閣の責任で行われ、事後に国会の承諾を得なければならない。
2　皇室費用は、国会の議決を要しない。
3　公の支配に属しない慈善事業に対して公金を支出することはできない。

解答 1 ○　2 × 予算に計上して国会の議決が必要です。3 ○

081 地方自治の基本原則

憲法92条は、地方自治の原則として「地方自治の本旨に基いて定める」としています。

Q 地方自治の本旨って何？

A 地方自治の本旨には、「住民自治」と「団体自治」という要素があります。

「地方自治」とは、国家の中に存在する地方公共団体における政治と行政にそこに住む住民の意思を活かし、国から独立して公共事務を処理する制度です。地方自治は国の政治の基礎となるもので、地方自治が成熟して適性に運営されることが、国民主権の成長につながると考えられています。

明治憲法には、地方自治の規定はありませんでしたが、現憲法では、第8章を「地方自治」の章として4ケ条を設け、憲法上の制度として厚く保障しています。一つ一つその趣旨を確認していきましょう。

地方自治の基本原則（92条）

地方公共団体の組織及び運営に関する事項は、地方自治の本旨に基いて、法律で定めるというのが地方自治の基本原則です。重要なのは、「地方自治の本旨に基いて」ということです。地方自治の本旨とは、住民自治の原則と団体自治の原則の二つからなっています。住民自治の原則とは、地方自治が住民の意思と責任に基いて行われること、団体自治の原則とは地方自治が国

から独立した団体に委ねられ、団体自らの手により自主的に行われることを意味しています。このような住民自治・団体自治の原則に基いて、地方自治に関する法律が定められています。例えば、地方自治に関する基本的事項を定めた地方自治法、議員などの選挙についての公職選挙法、地方公務員についての地方公務員法、地方税財政についての地方税法・地方財政法・地方交付税法などがあります。

地方公共団体の定義

ここで地方公共団体の定義を改めて確認しておきましょう。地方自治法は、普通地方公共団体として都道府県及び市町村を、特別地方公共団体として特別区（東京23区）、地方公共団体の組合及び財産区をあげていますが（地方自治法1条の3）憲法でいう「地方公共団体」がこれらすべてをさすとは考えられていません。かつて特別区が憲法上の地方公共団体にあたるのか争われた事件で、最高裁判所は次のように述べて特別区は、憲法上の地方公共団体にあたらないと判示しまし

た。それは、「憲法93条の地方公共団体とは、単に法律で地方公共団体として取り扱われているというだけでなく、事実上住民が経済的文化的に密接な共同生活を営み、共同体意識をもっているという社会的基盤が存在し、沿革的にみても現実の行政の上においても、**相当程度の一定の自主的機能が与えられている地域団体であることを必要とする**」（最判昭38.3.27）というものでした。特別区（東京23区）は、東京都によって一体的に処理されている事務もあり相当程度の自主的機能が与えられているとはいいきれないのでしょう。

この基準で考えれば、憲法上の地方公共団体とは、都道府県・市町村という標準的な地方公共団体をさすものといえます。

■ 地方公共団体の機関と直接選挙（93条）

地方公共団体には、議事機関として議会を設置しなければなりません。地方議会は、住民の代表機関であり、議決機関でもあります。そして議会の議員と地方公共団体の長（都道府県であれば知事、市町村であれば市町村長）は、住民が直接選挙によって選任します。つまり地方政治においては、首長も議員同様、住民によって選ばれ、首長と議会は、独立対等の関係にたつという、いわゆる首長制（大統領制）をとっており、国会議員が内閣総理大臣を選任する議院内閣制をとる国政とは異なる体制になっています。

ポイント

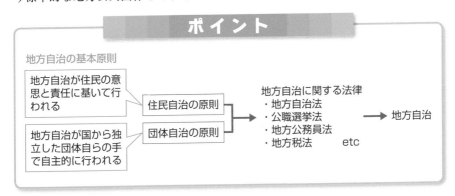

地方自治の基本原則

地方自治が住民の意思と責任に基いて行われる　→　住民自治の原則

地方自治が国から独立した団体自らの手で自主的に行われる　→　団体自治の原則

地方自治に関する法律
・地方自治法
・公職選挙法
・地方公務員法
・地方税法　　　etc
→　地方自治

ミニテスト

1　地方自治の本旨には、住民自治と団体自治の要素がある。
2　都道府県及び市町村は、憲法に規定された「地方公共団体」に該当する。
3　地方公共団体の長は、地方議会議員によって選出される。

解答　1　○　2　○　3　×　住民の直接選挙で選出されます。

163

082 地方公共団体の権能～条例の制定

地方自治の適正な運営のために、地方公共団体には一定の権能が与えられています。

Q 地方公共団体にはどのような権能があるの？

A 地方自治のルールとなる「条例」の制定は、重要な権能の一つです。

地方公共団体の権能（94条）

94条は、地方公共団体の権能として

①財産の管理

②事務の処理

③行政の執行

④法律の範囲内での条例の制定

をあげています。これらは、例示列挙であり、地方公共団体の権能のなかの代表的なものです。

①財産の管理とは、地方公共団体の財産の取得、保存、運用、処分などの行為を意味しています。②と③は明確な区別がつきにくいですが、③行政の執行は権力行使を伴う権力的作用であるのに対して、②事務の処理は非権力的作用といえます。これらは、**地方自治における行政権**を保障した規定です。性質上、国が一元的に行うべきとされるもの以外は、できるだけ地方公共団体に処理をゆだねて、その自主性を確立しようとしています。

これに対し、④条例の制定は、**地方自治における立法権**を保障しています。地方公共団体の権能の中でも、特に重要な**条例の制定**についてその内容を詳しく確認していきましょう。

条例の意義

条例とは、**地方公共団体が自治権に基いて制定する法形式**です。形式的な意味では、議会の議決によって制定される「条例」をさしますが、実質的な意味では、地方公共団体の長や各種委員会（教育委員会、公安委員会など）が制定する「規則」も含まれると考えられています。

条例の範囲

条例は、原則として、自治事務・法定受託事務を問わず制定することができます。そして、住民の基本的人権にある程度制約を加えることも可能です。例えば、テーマ **027**「表現の自由～集会・結社の自由」でもご紹介した東京都公安条例は、許可制によって集会の自由を制限するものでしたが、この条例の制限は最高裁判所によって合憲であるとされています。

このような条例は、かなり強力な力をもっています。では、憲法上「法律で定める」とされている事項については条例によって規制することができるのでしょうか。これはここまでのテー

マの中でもそれぞれ触れてきたことですが、条例の観点から再度確認しておきましょう。

> **29条2項**
> 　財産権の内容は**法律**で定める。

　条文は、「法律で定める」としていますが、**条例でも財産権の制約をすることは認められる**と考えられています。条例は、公選された議員で組織される地方議会の議決によって成立する立法であり、法律に準ずるものであると考えられるからです。テーマ**032**「財産権」でご紹介した判例（最判昭38.6.26）は、条例による財産権の制約を肯定したものです。

　もっとも、財産権が一地方住民の利害を超えて全国民の利害にかかわるものであったり、全国的な取引の対象となるような場合には、条例では足りず原則どおり法律による規制でなければなりません。

ポイント

① 地方公共団体の権能
　　⇒財産の管理、事務の処理、行政の執行、条例の制定
② 条例の意義
　　⇒地方公共団体が自治権に基いて制定する法形式
③ 条例の範囲
　　⇒条例は、法律の範囲内で制定される。住民の基本的人権に制約を加えることも可能。

📄 ·ミニテスト··

1　地方公共団体は、その財産を管理し事務を処理し行政を執行する権能を有する。
2　地方公共団体は、法律に反する条例も制定することができる。
3　条例は、地方公共団体が自治権に基いて制定する法形式である。
4　条例によって、基本的人権に制約を加えることも可能とされている。
5　判例の立場では、条例で財産権の規制をすることも可能とされている。

解答　1 ○　2 ×　条例は「法律の範囲内で」制定しなければなりません。
　　　　　3 ○　4 ○　5 ○

083 条例の範囲／効力・地方自治特別法

条例の範囲について、もう少しみていきましょう。

Q 条例は地方のルールといっても、かなり強力なのですね。

A そうです。刑罰規定や租税の規定を定めることも認められています。

条例の範囲

財産権の他にも、憲法で「法律で定める」とされている事項があります。

> 31条　法律の定める手続によらなければ…刑罰を科せられない。

こちらも条文をそのまま読むと、法律以外では刑罰規定をつくれないように思われますが、テーマ 034 「法定手続の保障」でも述べたように、刑罰が必ずしも法律そのもので定められなければならない、ということではありません。内閣の事務を定めた73条6号ただし書によって、政令でも法律の授権があれば可能であることは明らかです。条例については、先にも述べたようにその成立過程から法律に準ずるものであると考えられますから、条例で刑罰を課すこともできると解されています。実際、地方自治法は、一定の上限を定めて条例が罰則を設けることを認めています。（地方自治法14条3項）

> 84条　あらたに租税を課し、又は現行の租税を変更するには、法律又は法律の定める条件によることを必要とする。

84条は租税法律主義の原則を定めていますが、一般に条例による課税も認められると解されています。地方公共団体は自治権の一つとして課税権を有していること、地方税について定める地方税法が、「課税に関する具体的な定めは条例による」としていることなどから、条例による課税も憲法の趣旨に反しないと考えていいでしょう。

条例の効力

条例は地域における事務についての規定ですから、その効力は原則として該当の地方公共団体の地域内に限られます。そしてその地域内であれば、他の地方公共団体の住民に対してもその効力が及ぶとされています。同種の行為に関して、条例による規制が地方公共団体ごとに異なる場合、14条の法の下の平等に反しないか、という問題がありますが、判例は「条例制定権を認める以上、地域によって差別を生じることは当然予期されるとして条例間に地域格差が生じても違憲とはいえな

い」としています。（最判昭33.10.15）

地方自治特別法（95条）

　条例は、その地域における規定を地方公共団体自らが制定しますが、国会が制定する法律の中にも特定の地域のみに適用されるものがあります。これは地方自治特別法と呼ばれ、95条にその立法規定があります。

　一の地方公共団体のみに適用される特別法は、法律の定めるところにより、その地方公共団体の**住民の投票においてその過半数を得なければ**、国会はこれを制定することができません。国会の手続のみで立法がなされるとい

う「国会単独立法の原則」の例外です。

　「一の」とは、数的な「一つの」という意味ではなく、「特定」のということです。特別法とは、適用の対象が特定の事物、人、地域などの限定されている法のことをさします。ここでいう特別法は、特定の地方公共団体にのみ適用されるわけですから、そこに住む住民の自主性を尊重し、住民投票の過半数を要するとしたものです。制定手続としては、国会でその法律案が可決された後、住民投票にかけられ有効投票の過半数の賛成があって初めて法律として成立します。

第5編　財政・地方自治

ポイント

① 条例の範囲
　⇒刑罰規定や課税規定も、条例で定めることが可能とされている。
② 条例の効力
　⇒原則として該当の地方公共団体の地域内に限られる。
③ 地方自治特別法
　⇒特定の地方公共団体のみに適用される特別法。国会の議決後、住民投票で過半数の同意を得なければならない。

ミニテスト

1　条例による地方税の賦課徴収は憲法違反である。
2　一の地方公共団体にのみ適用される特別法は、国会の議決だけでは制定できない。
3　一の地方公共団体にのみ適用される特別法は、その地方公共団体の住民の投票において3分の2以上の同意を得なければならない。

解答　1　× 条例による課税も認められています。2　○
　　　　3　× 過半数の同意が必要とされています。

084 憲法改正

憲法って改正されたことないよね…？

Q 憲法って改正できるの？
A 96条に定める厳格な改正手続を経て改正は可能ですが、実際に改正されるまでには長い道のりが必要です。

硬性憲法の意義

　憲法は、国家の基礎となる法規範であり、国民の自由と権利を守ることを目的としていますから、そうそう簡単に改正されては困りますね。しかしその反面、時代の変化に伴う政治、経済、社会の変遷に対応していくことも必要です。この相反する二つの側面に対応するのが、「硬性憲法」の技術です。これは、憲法の改正手続を定めつつも、その改正の要件を通常の法律制定手続以上に厳格にするという方法です。日本国憲法は、改正を慎重にするために96条に厳格な手続を定めており、硬性憲法に属しているといえます。硬性憲法に対して、通常の法律制定と同様の手続で改正できる憲法を軟性憲法といいますが、現在、世界のほとんどの憲法は硬性憲法です。

憲法改正の手続

　第9章「改正」は96条の1ヶ条のみで、憲法改正のための手続を定めています。改正は、①国会の発議→②国民の承認→③公布という手続を経るので

すが、各々次のような要件が必要とされています。

①**国会の発議**→「発議」とは、国会が国民に提案する憲法改正案を決定することです。発議の議決には、**各議院の総議員の3分の2以上の賛成**が必要です。いずれかの院で3分の2以上の賛成が得られなければ、改正案を発議することはできないのです。憲法上の改正手続においては、両院は対等で優劣はありません。法律案の議決においては、各院出席議員の過半数で決することや参議院で否決されても衆議院での再可決で法律を制定できることと比較してみても、憲法改正は厳格な要件であることがわかります。

②**国民の承認**→憲法改正は、**主権者である国民の承認**によって成立します。この承認は、特別の国民投票又は国会の定める選挙の際行われる投票（国政選挙と同時に行うこと）によって行われます。承認には、**過半数の賛成**が必要とされます。憲法改正のための国民投票について定めた「日本国憲法の改正手続に関する法律」は平成22年5月

に施行されました。

③**公布**→憲法改正が国民の承認を得て成立すると、天皇は国民の名でこの憲法と一体を成すものとして直ちに公布します。「公布」とは、成立した改正内容を一般の人々に広く知らせることです。「国民の名で」としているのは、主権者である国民の意思で改正されたことを示すためです。

このように憲法改正までには、様々な厳格な手続が必要で、我が国の憲法は制定以来、一度も改正されていません。しかし、「日本国憲法の改正手続に関する法律」の施行もあり、今後は憲法改正への機運と議論も高まってくることでしょう。

憲法改正の限界

上記の改正手続に従えば、手続上憲法改正は可能ですが、手続を踏めばいかなる内容の変更も可能というわけではありません。憲法改正には法的な限界があるというのが通説であり、憲法の根本規範である、**国民主権、基本的人権の尊重、平和主義**の理念を変更することはできないと考えられています。

ポイント

① 硬性憲法

⇒憲法改正に通常の法律改正手続よりも厳格な手続を必要とする憲法の分類。日本国憲法は、硬性憲法に属している。⟷　軟性憲法

② 憲法改正の手続

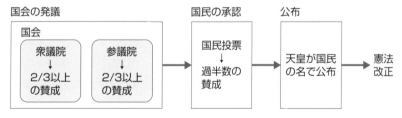

国会の発議

国会
| 衆議院 ↓ 2/3以上 の賛成 | 参議院 ↓ 2/3以上 の賛成 |

国民の承認
国民投票 ↓ 過半数の賛成

公布
天皇が国民の名で公布 → 憲法改正

ミニテスト

1 憲法の改正は、通常の法律制定よりも厳格な手続が必要である。
2 憲法改正は、各議院の総議員の過半数の賛成で国会が発議し国民に提案する。
3 憲法改正の発議が参議院で否決された場合は、衆議院で再議決することができる。
4 憲法改正に必要な国民の承認には、過半数の賛成を必要とする。

解答　1 ○　2 ×　各議院の総議員の3分の2以上の賛成が必要です。
　　　3 ×　参議院で否決された場合は発議することはできません。4 ○

085 最高法規

憲法は国の最高法規です。

> **Q** 「最高法規」とはどんな意味？
>
> **A** 文字通り、その国の法秩序の中で最も上位にある法ということです。憲法は、自身を最高法規と位置づけその根拠や保障について定めています。

憲法の最高法規性

第10章は、憲法が国法において最も強い形式的効力をもつ、最高法規性という性質について定められています。98条1項は、「憲法は国の最高法規であって、その条規に反する法律、命令、詔勅及び国務に関するその他の行為の全部又は一部は、その効力を有しない」と定め、憲法が形式的効力の点で国法体系における最上位にあることを明らかにしています。これを「形式的最高法規性」と呼んでいます。憲法が最高法規であることは、改正の手続が法律よりも困難である硬性憲法であることからもわかります。

また、憲法はその内容が、国民の権利や自由をあらゆる国家権力から保障するものであることから、実質的にも最高法規であるということができます。これは「実質的最高法規性」とも呼ぶべき性質で「形式的最高法規性」の基礎をなすものです。97条の基本的人権が永久不可侵であるとの規定は、人権保障を基本原理とする憲法の最高法規性の根拠を示しています。

憲法の保障

最高法規といっても、勿論実際に憲法が守られなければ意味がありませんね。そこで憲法の実効性を倫理的に保障する規定として99条で、国家の権力作用に関与する者（天皇、摂政、国務大臣、国会議員、裁判官、その他の公務員）に対し、憲法を尊重し擁護する義務を負わせています。また、81条で裁判所に法令等の違憲審査権が与えられていることは、法秩序の中で憲法の最高法規を確保するために重要な手段といえます。他にも、マス・メディアによって違憲行為を批判するという社会的保障や、内閣不信任決議など政治的手段により責任追及することによって憲法を守るという政治的保障といった方法もあります。

憲法と条約

さて、左記の憲法の最高法規性を示す98条1項に「条約」が含まれていないことが気になりますね。そして2項では、「日本国が締結した条約及び確立された国際法規は、これを誠実に遵

守することを必要とする」としています。これは、条約が憲法に優位することを意味しているのでしょうか。

条約は国家間の合意ですが、公布されると国内法としての効力も有すると考えられています。その効力は、**憲法と法律の中間にある**とするのが通説であり、実務でもそのように取り扱われています。憲法が条約に優位するとする説の根拠は次の点です。

> ■内閣の条約締結権は**憲法によって**認められた権能である
> ■憲法改正には国会の議決と国民の承認を必要とするのに対して、条約は内閣による締結と国会の承認で足りる。

■98条2項は、有効に成立した条約の国内法的効力を認めてその遵守を強調するもので、違憲の条約までも遵守すべきと定めたわけではない
■99条で、国務大臣などに対し憲法の尊重擁護義務を課している

憲法と条約の優劣は、違憲審査の対象に条約が含まれるか、という問題とも関連しています。81条の合憲性審査権の対象に条約が明記されていない点は、テーマ075「法令等の違憲審査権」でも述べました。そこでも国内法としての側面においては、条約は審査の対象となる、すなわち憲法が条約に優位すると考えられています。

ポイント

① 憲法の形式的最高法規性
　　⇒98条の規定、厳格な改正手続から、形式的効力の点で国法体型の最上位にあるといえる。
② 憲法の実質的最高法規性
　　⇒憲法の内容が、国民の権利や自由をあらゆる国家権力から保障するものであることから、実質的にも国の最高法規であるといえる。
③ 憲法の保障手段
　　⇒99条の憲法尊重擁護義務、裁判所の違憲審査権など

ミニテスト

1　憲法は、基本的人権を永久不可侵の権利と定めている。
2　憲法の条規に反する法律は、効力を有しない。
3　内閣の条約締結権は憲法によって認められた権能であることは、憲法が条約に優位するという説の根拠となる。

解答　1 ◯　2 ◯　3 ◯

086 第5編 財政・地方自治
第6編 憲法改正・最高法規 の用語解説

テーマ078「国会中心財政」から085「最高法規」における用語解説です。

Q 補正予算？

A 一旦成立した予算を変更する場合に、編成されます。

テーマ078

地方公共団体

都道府県や市町村などのように、国の一定の地域において、その地域に住む住民を構成員として地域内の行政を行うために、憲法や法律で与えられた権限をもつ団体。地方自治体、自治体ともいいます。

賦課

割り当てて負担させること。一般には国や地方公共団体が課す公租公課について使われます。

関税

外国から輸入されたり、外国へ輸出する貨物に課される租税。関税の確定、納付、徴収などは関税法に規定されていますが、関税法3条には「条約中に関税の規定があるときは、その規定による」との記述があり、条約による関税を認めています。

テーマ079

補正予算

予算成立後に生じた事由や経費の不足などにより、必要な予算の追加、変更を加えるために作成される予算。毎年

1月に召集される通常国会で、4月からの会計年度の予算が審議され成立しますが、この予算を変更する場合に組まれるのが補正予算です。秋の臨時国会で審議されることが多いです。

予備費

予想できない支出のために、あらかじめ国会の議決に基いて用意しておく使途未定の予算枠。内閣の責任で支出できますが、事後にその内容について国会の承諾が必要です。

テーマ081

財産区

市町村や特別区内の一地区で財産を有していたり施設を保有していたりする場合、これらの財産や施設の管理・処分のみに関する権限を有する行政組織。市町村合併などの際に旧市町村所有の財産を管理するために設けられることがあります。特別地方公共団体の一種です。

首長制・大統領制

公選の議会に対し、公選の首長を置くことで、両者の分立を徹底する政治形態。議院内閣制がイギリス型と呼ばれ

るのに対し、首長制・大統領制はアメリカ型と呼ばれます。

テーマ082

自治事務

地域における事務のうち、法定受託事務以外のものです。

法定受託事務

地域における事務のうち、国などが本来果たすべき役割に係るものであって、国などにおいてその適正な処理を特に確保する必要があるものとされた事務です。

テーマ084

日本国憲法の改正手続に関する法律

憲法改正における国民の承認に係る投票すなわち国民投票に関する手続について規定した法律。国民投票法とも呼ばれています。

テーマ085

詔勅

明治憲法下において、公式令（各種法令、条約等の公布方式について定めていた法令）で定められていた詔書、勅書など天皇の文書による行為の総称。衆議院の解散にように一般に公示されるものを詔書、公示されない性質のものを勅書といいます。公式令は日本国憲法施行と同時に廃止され、勅書はなくなりましたが、詔書は現在も天皇の一定の行為に使われています。

国務大臣

99条の憲法尊重養護義務に規定されている国務大臣は、内閣総理大臣を含む閣僚全員をさしています。

索引

憲法条文索引

179

memo

memo

おもしろ　　　　りかい　　　　　　　けんぽう　だい　はん
面白いほど理解できる憲法〈第4版〉

2010年12月28日　初　版　第1刷発行
2023年10月6日　　第4版　第1刷発行

編　著　者	株式会社早稲田経営出版	
	（憲法研究会）	
発　行　者	猪　　野　　　　　樹	
発　行　所	株式会社　早稲田経営出版	

〒101-0061
東京都千代田区神田三崎町3-1-5
神田三崎町ビル
電話 03（5276）9492（営業）
FAX 03（5276）9027

組　　　版	株式会社　グ　ラ　フ　ト	
印　　　刷	今　家　印　刷　株　式　会　社	
製　　　本	東京美術紙工協業組合	

© Waseda keiei syuppan 2023　　　　Printed in Japan　　　　ISBN 978-4-8471-5044-9
N.D.C. 327

書籍の正誤に関するご確認とお問合せについて

書籍の記載内容に誤りではないかと思われる箇所がございましたら、以下の手順にてご確認とお問合せをしてくださいますよう、お願い申し上げます。

なお、正誤のお問合せ以外の書籍内容に関する解説および受験指導などは、一切行っておりません。
そのようなお問合せにつきましては、お答えいたしかねますので、あらかじめご了承ください。

1 「Cyber Book Store」にて正誤表を確認する

早稲田経営出版刊行書籍の販売代行を行っている
TAC出版書籍販売サイト「Cyber Book Store」の
トップページ内「正誤表」コーナーにて、正誤表をご確認ください。

CYBER TAC出版書籍販売サイト
BOOK STORE

URL：https://bookstore.tac-school.co.jp/

2 **1**の正誤表がない、あるいは正誤表に該当箇所の記載がない
⇒ 下記①、②のどちらかの方法で文書にて問合せをする

★ご注意ください★

お電話でのお問合せは、お受けいたしません。
①、②のどちらの方法でも、お問合せの際には、「お名前」とともに、
「対象の書籍名（○級・第○回対策も含む）およびその版数（第○版・○○年度版など）」
「お問合せ該当箇所の頁数と行数」
「誤りと思われる記載」
「正しいとお考えになる記載とその根拠」
を明記してください。
なお、回答までに1週間前後を要する場合もございます。あらかじめご了承ください。

① ウェブページ「Cyber Book Store」内の「お問合せフォーム」より問合せをする

【お問合せフォームアドレス】

https://bookstore.tac-school.co.jp/inquiry/

② メールにより問合せをする

【メール宛先　早稲田経営出版】

sbook@wasedakeiei.co.jp

※土日祝日はお問合せ対応をおこなっておりません。
※正誤のお問合せ対応は、該当書籍の改訂版刊行月末日までといたします。

乱丁・落丁による交換は、該当書籍の改訂版刊行月末日までといたします。なお、書籍の在庫状況等により、お受けできない場合もございます。
また、各種本試験の実施の延期、中止を理由とした本書の返品はお受けいたしません。返金もいたしかねますので、あらかじめご了承くださいますようお願い申し上げます。

（2022年7月現在）